Zwiegespräche über die Zeit

CHRONOI
Zeit, Zeitempfinden, Zeitordnungen
Time, Time Awareness, Time Management

—

Herausgegeben von

Eva Cancik-Kirschbaum, Christoph Markschies und Hermann Parzinger

im Auftrag des Einstein Center Chronoi

Band 9

Zwiegespräche über die Zeit

Dialoge in der Berlin-Brandenburgischen Akademie
der Wissenschaften aus Anlass des sechzigsten
Geburtstags von Christoph Markschies

Herausgegeben von
Julia Fischer

DE GRUYTER

ISBN 978-3-11-134073-9
e-ISBN (PDF) 978-3-11-134091-3
e-ISBN (EPUB) 978-3-11-134106-4
ISSN 2701-1453
DOI https://doi.org/10.1515/9783111340913

Dieses Werk ist lizenziert unter einer Creative Commons Namensnennung - Nicht-kommerziell - Keine Bearbeitung 4.0 International Lizenz. Weitere Informationen finden Sie unter https://creativecommons.org/licenses/by-nc-nd/4.0/.
Die Creative Commons-Lizenzbedingungen für die Weiterverwendung gelten nicht für Inhalte (wie Grafiken, Abbildungen, Fotos, Auszüge usw.), die nicht im Original der Open-Access-Publikation enthalten sind. Es kann eine weitere Genehmigung des Rechteinhabers erforderlich sein. Die Verpflichtung zur Recherche und Genehmigung liegt allein bei der Partei, die das Material weiterverwendet.

Library of Congress Control Number: 2023942335

Bibliografische Information der Deutschen Nationalbibliothek
Die Deutsche Nationalbibliothek verzeichnet diese Publikation in der Deutschen Nationalbibliografie; detaillierte bibliografische Daten sind im Internet über http://dnb.dnb.de abrufbar.

© 2023 bei den Autorinnen und Autoren, Zusammenstellung © 2023 Julia Fischer, publiziert von Walter de Gruyter GmbH, Berlin/Boston.
Dieses Buch ist als Open-Access-Publikation verfügbar über www.degruyter.com.
Druck und Bindung: CPI books GmbH, Leck

www.degruyter.com

Abb. 1: Herlinde Koelbl: Christoph Markschies unter Palmen (2022).

Inhalt

Vorbemerkung —— 1

Julia Fischer
Eröffnung —— 3

Julia von Blumenthal
Grußwort I —— 5

Georg Essen
Grußwort II —— 9

Eva Cancik-Kirschbaum, Dagmar Schäfer
Zwiegespräch I: Zeit und Zeitbewusstsein in Gesellschaften der Alten Welt —— 15

Ayelet Landau, Anton Zeilinger
Zwiegespräch II: Time in the brain and outside our bodies in the environment —— 25

Julia Fischer, Peter Strohschneider
Zwiegespräch III: Zeithorizonte in der Forschung und im Forschungsmanagement —— 35

Christoph Markschies
Schlusswort —— 43

Vorbemerkung

Der hier vorgelegte Band dokumentiert ein Symposium, das die Berlin-Brandenburgische Akademie der Wissenschaften anlässlich des sechzigsten Geburtstages ihres Präsidenten Christoph Markschies am 6. Oktober 2022 in Berlin im Leibnizsaal des Gebäudes am Gendarmenmarkt über das Thema „Zeit" veranstaltete. Die Wahl des Themas lag nahe, da sich der Jubilar seit Längerem im Rahmen des Einstein Center Chronoi[1] selbst mit diesem Thema beschäftigt; ebenso lag auch die Publikation dieses Symposiums im Rahmen der Reihe, die Forschungen aus diesem Zentrum veröffentlicht, nahe.

Wie es in der Akademie auch an anderen Stellen Brauch ist[2], werden die Zwiegespräche, aus denen das Symposium neben einleitenden und ausleitenden Beiträgen bestand, weitgehend wörtlich dokumentiert. Für die Transkription dieser Dokumentation ist Stefanie Saier sehr herzlich zu danken, ebenso wie Franziska Urban von der Presse- und Öffentlichkeitsarbeit der BBAW, dazu Barbara Frey und Roland Römhildt aus dem Präsidialbüro der BBAW. Die Publikation wird nach der Begrüßung der Vizepräsidentin der Akademie mit den Grußworten der Präsidentin der Humboldt-Universität zu Berlin, Julia von Blumenthal, und des Direktors des Zentralinstituts für Katholische Theologie, Georg Essen, eröffnet. Darauf folgen drei Zwiegespräche, eines davon in englischer Sprache; sie bilden das titelgebende Herzstück des Bandes. Abschließend stehen die Bemerkungen des Jubilars, die er zum Abschluss der Zwiegespräche vortrug. Alle an dem Symposium beteiligten Personen haben ihre transkribierten Beiträge nochmals durchgesehen und stellenweise leicht bearbeitet. Für einen kritischen Blick auf das englische Zwiegespräch danken wir Lindsay Munro sehr herzlich.

Leider können die musikalischen Beiträge, mit denen das Duo Eckart *Runge* & Jacques *Ammon* das Symposium schmückte und das zahlreich erschienene Publikum begeisterte, hier nicht im Druck wiedergegeben werden. Allerdings ist das Programm „Baroque in Blue", aus dem die Stücke entnommen waren, immerhin teilweise im Internet zugänglich und kann als CD erworben werden[3].

Für den Verlust auf dem Feld der darstellenden Kunst entschädigt vielleicht ein klein wenig ein besonderes Stück bildender Kunst – die Fotografin Herlinde Koelbl hat freundlicherweise zu dieser Veröffentlichung aus einer im Jahre 2022 ent-

---

[1] https://www.ec-chronoi.de/ (letzter Zugriff am 1. Mai 2023).
[2] Vgl. die 22 Hefte, die die Debatten in der Versammlung der Mitglieder dokumentieren, zugänglich über die Homepage: https://www.bbaw.de/publikationen (letzter Zugriff am 1. Mai 2023).
[3] https://www.youtube.com/watch?v=xaDSQ_42kaE (letzter Zugriff am 1. Mai 2023) bzw. https://celloproject.de/ (ebd.).

Open Access. © 2023 bei den Autorinnen und Autoren, publiziert von De Gruyter. Dieses Werk ist lizenziert unter einer Creative Commons Namensnennung – Nicht kommerziell – Keine Bearbeitung 4.0 International Lizenz. https://doi.org/10.1515/9783111340913-001

standenen Serie ein Portrait unter Palmen beigesteuert, wofür ihr ganz besonders herzlich gedankt sei. Die übrigen Fotographien im Band wurden von der Öffentlichkeitsarbeit der Akademie beigesteuert, die gemeinsam mit Barbara Frey und Roland Römhildt das Symposium mit vorbereitet und organisiert hat, und stammen von Doris Fleischer. Auch dafür sehr herzlichen Dank! Abschließend dankt die Herausgeberin außerdem Stefanie Rabe vom Einstein Center Chronoi und dem Verlag De Gruyter, der diese Reihe so freundlich publiziert, und hier vor allem Albrecht Döhnert.

Berlin, im Mai 2022   Julia Fischer

Julia Fischer
Eröffnung

Abb. 2: Julia Fischer, Vizepräsidentin der Berlin-Brandenburgischen Akademie der Wissenschaften.

Meine Damen und Herren, ich begrüße Sie ganz herzlich an diesem, angesichts der erstaunlichen Temperaturen, fast schon spätsommerlichen Abend. Das ist eine ganz großartige Woche für die BBAW: Zwei Nobelpreise gingen an Mitglieder der BBAW, namentlich an Svante Pääbo und an Anton Zeilinger.

Wir sind alle mächtig stolz. Ebenso stolz und auch ein bisschen gerührt sind wir, dass wir heute den sechzigsten Geburtstag von Christoph Markschies feiern mit Gesprächen über die Zeit. Mein Name ist Julia Fischer, ich bin eine der Vizepräsidentinnen der Akademie und ich habe heute das Vergnügen, durch den Abend zu führen. Bei dieser Gelegenheit möchte ich von dieser Stelle noch einmal ganz prominent, persönlich und herzlich gratulieren. Alles Gute, Christoph! Wir hoffen, dass du auch weiterhin mit so viel Verve und Spaß an der Sache die Belange des Hauses positiv vorantreibst. Wir sind dir sehr dankbar! Und es macht unfassbar viel Spaß, sich mit dir im Präsidium, im Vorstand, auf Klausuren, Nebengesprächen,

Zwischengesprächen, Vorgesprächen und Nachgesprächen um die Angelegenheiten der Akademie zu kümmern.

Wir haben für den heutigen Abend ein kleines Programm zusammengestellt. Nach der Begrüßung und Eröffnung der Veranstaltung durch Julia von Blumenthal und Georg Essen folgen drei Zwiegespräche über die Zeit. Die Gesprächspartner werde ich dann jeweils genauer vorstellen. Eingerahmt werden die Gespräche durch das Duo Runge & Ammon. Eckart Runge, Cello, und Jacques Ammon, Klavier, spielen Musik zwischen Barock und Jazz.

Es geht ja heute um die Zeit, und eine meiner liebsten Aufgaben ist, darauf zu achten, dass diese auch eingehalten wird. Denn wir wollen nicht nur lauschen, was kluge Leute über die Zeit zu sagen haben, sondern auch hinterher recht viel Zeit haben für Gespräche miteinander. Es war schon schwierig genug, Sie alle nach dem Empfang hier in den Saal zu lotsen, weil sich so viele Leute gefreut haben, sich wiederzusehen und sich auszutauschen. Und danach soll ja auch noch Gelegenheit sein, Christoph Markschies persönlich zu gratulieren. Das heißt, ich werde bei den Gesprächen irgendwann ein Zeichen geben, wenn die Zeit um ist.

Zunächst darf ich Julia von Blumenthal vorstellen. Sie ist Politikwissenschaftlerin und Wissenschaftsmanagerin. Sie promovierte und habilitierte sich an der Hamburger Bundeswehruniversität. Seit 2009 hat sie eine Professur für Innenpolitik der Bundesrepublik Deutschland am Institut für Sozialwissenschaften der Humboldt-Universität zu Berlin inne. Von Oktober 2018 bis September 2022 war sie Präsidentin der Europa-Universität Viadrina in Frankfurt an der Oder. Und jetzt ist sie, und auch dazu gratulieren wir sehr herzlich und wünschen alles Gute, Präsidentin der Humboldt-Universität zu Berlin.

Danach spricht Georg Essen. Er ist katholischer Theologe und Dogmatiker. Er studierte Katholische Theologie und Geschichte in Münster und Freiburg, und nach Promotion und Habilitation war er zunächst Professor für Dogmatische Theologie und zusätzlich für Religions- und Kulturtheorie in Nijmegen. Danach ging er an die Ruhr-Universität Bochum. Und seit Februar 2020 ist er Professor für Systematische Theologie am neugegründeten Zentralinstitut für Katholische Theologie an der Humboldt-Universität zu Berlin und seit Februar 2021 auch dessen gewählter Direktor. Ich übergebe an Julia von Blumenthal.

Julia von Blumenthal
Grußwort I

Abb. 3: Julia von Blumenthal, Präsidentin der Humboldt-Universität zu Berlin.

Sehr verehrter, lieber Herr Markschies, sehr geehrte Festgemeinde, ich hoffe, Sie sehen mir diese summarische Begrüßung nach, denn, wenn ich alle einzeln begrüßen würde, die es wert wären, dann würde ich doch zu viel von unserer gemeinsamen Zeit beanspruchen. Zeit, die gemäß dem Wunsch des Jubilars ja dazu dienen soll, dass wir uns mit Reflexionen über die Zeit beschäftigen. Herr Markschies bat mich schon im Januar dieses Jahres, die E-Mail trug das Datum 25. Januar, ich habe es nachgeschaut, heute zu Ihnen zu sprechen. Er wünschte sich ausdrücklich kein Grußwort, sondern Reflexionen über gemeinsame Zeit. Als er mich damals einlud, wussten wir beide nicht, in welcher Rolle ich heute sprechen würde. Wir ahnten es vielleicht, zumal ich, noch bevor ich mich beworben hatte, ein bemerkenswertes Gespräch mit Herrn Markschies geführt hatte, in dem er mir am Telefon ehrlich sagte, er wisse auch nicht genau, was er mir raten würde, mich zu bewerben oder nicht zu bewerben, aber was auch immer ich täte, er würde mich dabei unterstützen. Also wurde ich dann drei Wochen später zur Präsidentin gewählt. Über die gemeinsame Zeit als Präsidenten zweier befreundeter Institutionen hier am Gendarmenmarkt und Unter den Linden kann ich heute nicht sprechen. Es ist formal eine Woche – faktisch ist heute mein vierter aktiver Arbeitstag. Und so beschränke ich mich auf die gemeinsame Zeit an der Humboldt-Universität.

Herr Markschies war Präsident, als ich im Jahr 2009 an die Humboldt-Universität berufen wurde. Die Berufungsverhandlung führte damals in seiner ganz eigenen Art Herr Eveslage als Vizepräsident für Haushalt. Den Neuberufenen-Empfang richtete der damalige Senator Zöllner aus. So lernte ich den Präsidenten Markschies erst im Frühjahr 2010 kennen. Es war ein Anlass, an den ich mich wirklich aktiv bis heute erinnere, obwohl ich einige Details doch noch nachschlagen musste. Es war ein Anlass, der, glaube ich, sehr viel über den Präsidenten und Hochschullehrer Markschies sagt. Der Anlass, der sich mir eingeprägt hat, war die Eröffnung der Humboldt Graduate School in der Luisenstraße. Herr Markschies sprach ein sprachlich brillantes, mit feinen, humorvollen Untertönen an den richtigen Stellen versehenes Grußwort, das eine Linie zog von Princeton und seiner Graduiertenschule zur Humboldt Graduate School, das die Geschichte des Gebäudes in der Luisenstraße erläuterte und von der Erbauung bis in die DDR-Zeit eine Linie zog bis hin zur heutigen Funktion. Er verwob so ein akademisches Programm mit der Geschichte des Ortes in höchst eleganter Weise[1]. Diese sehr akademische Seite des Präsidentenseins lag und liegt ihm offensichtlich bis heute sehr. Da Herr Markschies nach Ende seiner Amtszeit im Sommer 2010 nicht mehr antrat, habe ich ihn als Präsidenten im Übrigen weniger aktiv erlebt, denn ich war damals noch Studiendekanin und damit in Sphären der akademischen Selbstverwaltung unterwegs, in denen man seltener auf den Präsidenten trifft. Wir begegneten uns dann erst wieder im Akademischen Senat und dem Concilium decanale ab 2016 bis zu meinem Weggang im Oktober 2018. Es war bemerkenswert, wie Herr Markschies den Rollenwechsel vom Präsidenten zurück zum Kollegen in der Fakultät und dann zum Dekan gemeistert hat. Und wenn ich mich richtig erinnere – wobei das eine oder andere mich ein wenig zweifeln lassen hat, ob meine Erinnerung korrekt ist –, aber wenn ich mich richtig erinnere, dann hatte Herr Markschies zumindest als Dekan und Mitglied des Akademischen Senats eine ähnliche Mischung aus Begeisterung für intensive Debatten und Langmut gegenüber sich häufig wiederholenden, nicht immer zur Sache gehörenden Beiträgen im Akademischen Senat, wie auch ich

---

[1] Hauseröffnung der „Humboldt Graduate School", Grußwort des Präsidenten vom 21. April 2010, im Internet zugänglich unter: https://www.hu-berlin.de/de/ueberblick/geschichte/rektoren/markschies/rede/hauseroffnung-der-humboldt-graduate-school (letzter Zugriff am 1. Mai 2023).

sie mir angewöhnt habe. Seine Eigenschaft als grundheiterer Mensch, die er in seinem Interview mit den Stadtstudenten Berlin im 2010 sich selbst attestierte[2], hat ihm sicherlich dabei geholfen. Es ist gerade diese heitere Gelassenheit, die in allen Angelegenheiten der akademischen Selbstverwaltung so wichtig ist und die einen auch davor bewahrt, die Diskussionen in einem mitunter vielleicht verständlichen, aber doch diskursfeindlichen Affekt als Zeitverschwendung wahrzunehmen. Die Uhren als Präsident und die Uhren als Wissenschaftler gehen sehr unterschiedlich. Erstere gehen schnell, führen leicht zu Atemlosigkeit im vollen Terminkalender, haben ein hohes Maß an Fremdbestimmung. Letztere, die Uhren des Wissenschaftlers, mögen zwar auch mitunter rasen, aber der Grad der Selbstbestimmung, der Einfluss auf die eigene Zeit ist doch so unendlich viel höher.

Nach seiner Präsidentschaft ist Markschies dann in seinen eigenen Worten, wiederum aus demselben Interview aus dem Jahre 2010, ich zitiere, „für ein recht langes Sommersemester" nach Jerusalem und Princeton entschwunden, um, ich zitiere wieder, „wieder ganz frei denken zu lernen". Wobei ich mir auch einen Präsidenten Markschies, der nicht frei denkt, im Ernst gar nicht vorstellen kann. Herr Markschies hat also vorübergehend den vollen Terminkalender eines Präsidenten gegen die Freiheit des Forschers eingetauscht, ist in die Tiefen der Forschung zurückgekehrt, nachdem er als Präsident, so wie ich es auch jetzt erlebe, in ja einer eher kursorischen eindrucksartigen Weise den Reichtum der Humboldt-Universität in so vielen Disziplinen erleben konnte. Wir hatten gerade ein solches gemeinsames Erlebnis, die Eröffnung des Iris-Forschungsbaus, wo man fasziniert vor den Geräten steht und ungefähr ermessen kann, wofür sie vielleicht dienen mögen, aber im Ernst die detaillierte Forschung nicht spontan nachvollziehen kann[3]. Ich sagte es schon, vom Amt des Dekans dann führte es Herrn Markschies doch wieder in das Amt eines Präsidenten – nun der Berlin-Brandenburgischen Akademie der Wissenschaften. Und vielleicht ist das der ideale Ort für Sie, lieber Herr Markschies: intellektueller Reichtum, sicherlich auch Politik, Management, aber doch vielleicht weniger, als es an einer Humboldt-Universität täglich der Fall ist. Aber dies ist, so gebe ich es zu, ein Blick der Nachbarin von Unter den Linden zum Gendarmenmarkt.

Lieber Herr Markschies, ich gratuliere Ihnen von Herzen zu Ihrem sechzigsten Geburtstag. Mögen die Uhren für Sie in den kommenden Jahren immer im richtigen Takt gehen, und möge es Ihnen weiterhin gelingen und immer mehr gelingen, das für Sie richtige Maß an Freiheit und Eingebundensein zu finden.

---

2 Interview mit Alexander Florin, Spree. Stadtstudenten 3/2010: http://www.stadtstudenten.de/2010/05/interview_hu-praesident_markschies/ (letzter Zugriff am 1. Mai 2023).
3 Zur Eröffnung des Forschungsbaus am 5. Oktober 2022 vgl. https://www.iris-adlershof.de/de/opening.html (letzter Zugriff am 1. Mai 2023).

Georg Essen
Grußwort II

Abb. 4: Georg Essen, Direktor des Zentralinstituts für Katholische Theologie (Foto: Matthias Heyde, HU Berlin).

Sehr geehrte Damen und Herren, liebe Frau Markschies, lieber Christoph!

Wenn es in der Geschichte der Philosophie einen Gedanken gibt, der fasziniert wie kaum ein zweiter, dann ist es der Versuch, den Begriff einer Gegenwart denken zu wollen, die das Vergangene ebenso umgreift wie das Zukünftige[1]. Wie muss eine Gegenwart beschaffen sein, der alle Zeiten gegenwärtig sind, und wie die Zeit selbst, so dass sie in der Gegenwart *da* ist? Aber was heißt hier „da"? Und: Ist es, so wird

---

[1] Literaturreferenzen finden sich in Georg Essen, Historische Sinnbildung. Zeitkonzepte in der Perspektive einer Theologischen Historik, in: Das Testament der Zeit. Die Apokalyptik und ihre gegenwärtige Rezeption, hg. v. Kurt Appel u. Erwin Dirscherl, Quaestiones Disputatae 278, Freiburg u. a. 2016, 59–76.

man weiterfragen müssen, dem Begriff der Gegenwart überhaupt angemessen, sie, die Gegenwart, als Inbegriff des im Nacheinander der Zeit Getrennten zu denken? Ist der Begriff der Gegenwart überhaupt geeignet, das umgreifende Dasein von Vergangenheit und Zukunft zu bezeichnen? Was ist die Zeit der Gegenwart? Und sofern es so etwas wie Gegenwartszeit geben sollte, wie kann sie die Ganzheit der Zeit umgreifen? Müssten wir nicht von einer solchen, das Vergangene und Zukünftige umgreifenden Gegenwart sagen, sie sei von unbegrenzter Dauer? Das würde zu der, auf den ersten Blick jedenfalls, merkwürdigen Überlegung führen, dass der unbegrenzten Gegenwart die Vergangenheit als das im Fluss der Zeit Versinkende gegenwärtig ist und ihr das noch in der Zukunft Liegende schon vor Augen steht.

Kein Wunder, dass wir in der griechischen Philosophie auf Semantiken stoßen, die zur Klärung von Fragen wie diesen auf den Begriff *aión* zurückgreifen, dessen Etymologie auf den Begriff des Lebens zurückverweist und den wir gemeinhin mit „Ewigkeit" übersetzen. *Aión* ist die „bestimmende Macht über dem Leben" (Pindar). Die Ewigkeit wäre somit die Macht, die das Leben umschließt. Das Leben aber steht unter dem Index der Zeit, so dass dem Ewigen das Ganze der Zeit gegenwärtig ist. Als Fülle des unendlichen Lebens umschließt das Ewige sowohl das Zukünftige, das sich ihm nicht entzieht, wie das Vergangene, das ihm nicht verloren geht.

Es hat, so gesehen, schon seinen tiefen Sinn, diese abgründigen Gedankengänge auf die Feier eines Geburtstags zu beziehen. An einem solchen Tag steht Dir, lieber Christoph, Deine Zeit, die Zeit Deines gelebten Lebens vor Augen. Das gilt übrigens auch für uns Mitfeiernden, die wir auf unterschiedliche Weise Dein Leben begleiten und darum, recht verstanden, Deine Zeitgenossen sind. In der Feier eines Geburtstages stiften wir gemeinsam die Einheit zeitüberbrückender Gegenwart. Heute richtet sich unser aller Aufmerksamkeit, eben die *attentio*, von der Augustinus spricht, auf das Gewesene und auf das Kommende. Heute ist uns in der Erinnerung Deine Vergangenheit gegenwärtig und in der Erwartung Deine Zukunft präsent.

In einem famosen Lied hat die Musikgruppe „Die Toten Hosen" für einen Tag „wie diesen" einen trefflichen Wunsch parat: „An Tagen wie diesen / Wünscht man sich Unendlichkeit /An Tagen wie diesen / Haben wir noch ewig Zeit / ... / Das hier ist ewig / Ewig für heute". Und darum feiern wir gemeinsam mit Dir heute dieses Fest als einen Ort der verschränkten Zeiten.

Allein, auch die festlichen Augenblicke dieses Tages sind der Zeit unterworfen. Auch diese Gegenwart wird im Fluss der Zeit versinken, obwohl sie uns ganz gewiss in der Erinnerung lebendig bleiben wird. Es ist uns eben nicht vergönnt, die ganze Fülle der Zeit gleichzeitig zu umfassen. Uns gerinnt die Gegenwart zu einem einzigen flüchtigen Augenblick, und der Wunsch, er möge „verweilen", ist ein melancholischer. So ist das mit unseren Erfahrungen vom zeitlichen Wandel. Darum auch sind wir wohl an Geschichte interessiert, weil die Geschichtszeit der Grunderfahrung von Naturzeit widerspricht, dem Fluss der vergehenden Zeit ausgeliefert zu sein: Vergangenheit soll in sinnbildender Absicht so auf die Gegenwart bezogen werden, dass Zukunft eröffnet wird. Ist es das, lieber Christoph, was Dich als Historiker umtreibt, und warum Du an der Zeit interessiert bist und uns eingeladen hast, mit Dir gemeinsam über sie nachzudenken?

Bist Du darum ein Theologe, weil Dir als Historiker nur allzu bewusst ist, dass die Zeit nicht in unseren Händen ist und die Geschichte uns lehrt, dass die Fülle unseres Lebens uns entgleiten wird? Aber dass, so hoffen wir, das Vertrauen auf den ewigen Gott nicht vergeblich sein möge, der die unerschöpfliche Quelle und der schöpferische Ursprung unserer Zeit ist? Und dass wir deshalb getrost Deinen Geburtstag feiern dürfen, weil unser aller Leben nicht unter der „Knechtschaft der Zeit" steht (Plotin)? Ganz in diesem Sinne, lieber Christoph, Dir einen herzlichen Glückwunsch zu Deinem Geburtstag und erfüllte Zeit unter Gottes Segen.

Julia Fischer
Einleitung in das Zwiegespräch von Eva Cancik-Kirschbaum und Dagmar Schäfer

Nach so klugen Worten traut man sich gar nicht wieder ans Mikrofon. Aber ich habe eine schöne Aufgabe, deswegen geht es dann doch. Ich darf nämlich Dagmar Schäfer und Eva Cancik-Kirschbaum vorstellen. Dagmar Schäfer ist Sinologin und Wissenschaftshistorikerin. Sie war unter anderem Professorin für Chinese Studies and History of Technology an der University of Manchester. Seit 2013 ist sie Direktorin der Abteilung Artefacts, Action, Knowledge des Max-Planck-Instituts für Wissenschaftsgeschichte in Berlin. Sie forscht zur Geschichte und Soziologie der Technik in China, wobei sie sich auf diskursive Paradigmen technischer Entwicklung fokussiert. Sie ist Mitglied der Leopoldina, der Deutschen Akademie der Technikwissenschaften (acatech) und der BBAW und hat unter anderem 2020 den Gottfried-Wilhelm-Leibniz-Preis erhalten.

Sie spricht mit Eva Cancik-Kirschbaum. Eva Cancik-Kirschbaum ist Altorientalistin, seit 2003 ist sie Professorin am Institut für Altorientalistik an der Freien Universität Berlin und Co-Sprecherin der DFG-Kollegforschungsgruppe 2615 „Rethinking Oriental Despotism". Ihre Forschungsschwerpunkte sind Wirtschafts-, Sozial- und Politikgeschichte des antiken Mesopotamiens, Zeit und Geschichtsbewusstsein in frühen Gesellschaften sowie Wirkungsgeschichte, also Überlieferung, Wirkung und Wandel altorientalischer Zivilisationen einschließlich wissenschaftsgeschichtlicher Aspekte. Sie ist Mitglied der BBAW, stellvertretende Sekretarin der geisteswissenschaftlichen Klasse und mit Hermann Parzinger und Christoph Markschies Co-Sprecherin des Einstein Centers Chronoi.

Eva Cancik-Kirschbaum, Dagmar Schäfer
Zwiegespräch I: Zeit und Zeitbewusstsein in Gesellschaften der Alten Welt

Abb. 5: Dagmar Schäfer und Eva Cancik-Kirschbaum.

Eva Cancik-Kirschbaum: Einen schönen guten Abend. Wir freuen uns, dass wir das erste Gespräch über Zeit eröffnen dürfen. Sie haben ja schon viele kluge Worte gehört, und wir beginnen vielleicht mit zwei Bemerkungen meinerseits und versuchen dann, einen kleinen Dialog aufzubauen. Die erste Bemerkung gilt dem Geburtstagskind heute Abend. Sie wissen vielleicht, dass der Mensch das einzige Säugetier ist, das seinen Geburtstag feiert. Insofern haben wir schon eine merkwürdige Sonderstellung. Allerdings feiern nicht alle Menschen Geburtstage. Wir kennen viele Kulturen, viele Gruppen, die dieses Ritual nicht kennen oder anders praktizieren. Und der Blick, den wir beide heute in die Vergangenheit werfen werden, wir sind beide unter anderem Historikerinnen, wird sich mit der Frage der Verkörperung der Zeit in Menschen und ihren Praktiken und den Objekten, die sie herstellen, befassen. Und das führt mich zu dem zweiten Punkt: die Zeit selbst. Sie haben heute alle versucht, einigermaßen pünktlich um 15:00 Uhr im Dom oder um

17:00 Uhr hier zu sein. Wenn Sie auf Ihre Uhr blicken, dann blicken Sie weit zurück in die Vergangenheit oder mit Thomas Mann: tief in den Brunnen der Vergangenheit. Und diese Zeiteinteilung, die haben wir sozusagen geerbt oder weitergeführt aus dem antiken Mesopotamien. Sie ist dort entstanden oder entwickelt worden von Menschen etwa im vierten Jahrtausend vor Christus. So lange kennen wir schon die Stunde zu sechzig Minuten und das Jahr mit dreihundertsechzig plus fünf Tagen. Was wir heute feiern und erfahren, ist auch ein Blick zurück in eine Praxis der Zeitwahrnehmung und der Zeitmessung, die keineswegs die einzige ist.

Meine erste Frage würde jetzt an Dagmar gehen und das Gespräch ein bisschen eröffnen: Wie gehen wir Historiker mit Zeit eigentlich um? Wir haben schon einige Worte hier gehört über Gegenwart und Vergangenheit und die naturwissenschaftliche Zeit und die geschichtliche Zeit. Ich glaube, das ist ein Punkt, über den wir mal ein bisschen sprechen sollten.

Dagmar Schäfer: Da hast du auf jeden Fall Recht. Das ist genau das, was den Historiker ja zum Meister der Zeit macht: nicht, dass er sie erzählt, sondern dass er die Vielzeitlichkeit kennt. Ich würde vielleicht zuerst das Wort an Herrn Markschies richten und fragen, ob er sich wirklich sicher ist, dass er heute sechzig Jahre alt wird. Denn natürlich ist die Vorstellung, dass man geboren wird, damit, dass man aus dem Körper der Mutter hervorgeht, eine sehr seltsame Vorstellung. Denn tatsächlich wird man mindestens zehn Monate vorher geboren. Und es gibt viele Kulturen, wie zum Beispiel die chinesische, die daraus zu Beginn des dritten Jahrhunderts eine kosmologische Ansicht gemacht hat. Wann beginnt die Zeit? Beginnt sie mit uns? Ist sie immer auf uns zurückzuführen? Dabei muss ich mich eigentlich schon berichtigen – und ich weiß nicht, wie das in den Dir bekannten historischen Kulturen ist, denn natürlich gibt es keine absolute Zeit, schon gar nicht bei Menschen, sondern es gibt nur die Zeitlichkeit. Und den Begriff der Zeit gibt es sowieso nicht, denn sie spiegelt vor, dass es eine Zeit außerhalb des Menschen gibt, die wir bestimmen können und die außerhalb von uns passiert. Ein Mensch ist nicht ein Mensch, weil er geboren wird, auch nicht, weil er gezeugt wird, sondern ein Mensch ist ein Mensch, weil er von mehreren Zeitlichkeiten beherrscht wird, wie die Meister von Huai Nan (*Huainan zi* 淮南子) uns lehren. Deswegen braucht der Mensch auch nicht einen Namen, sondern mehrere. Man beginnt mit dem Geburtsnamen, den man ablegen muss, wenn man zehn Jahre ist, den man wieder wechseln muss, wenn man in die Teenagerzeit kommt und fünfzehn Jahre wird. Wenn man dreißig Jahre wird, dann benötigt man einen völlig anderen Namen und auch eine neue Zeitlichkeit, denn nun wird nicht mehr in Jahren gemessen, noch nicht einmal in Monaten, sondern in Dekaden usf. usf. Also heute werden Sie nicht sechzig, sondern mindestens einundsechzig Jahre, und es wäre natürlich auch schön zu wissen, welchen Namen Sie in jeder Ihrer Perioden gehabt haben.

Eva Cancik-Kirschbaum: Diese Transformationen von Zeitlichkeit im menschlichen Körper und die Messung der Zeitlichkeit an der menschlichen Person, das ist etwas sehr Charakteristisches, was wir in Kulturen sehen, die zum Beispiel gar kein Wort für Zeit haben. Für Sie alle ist es selbstverständlich, dass Sie sagen: Ich habe heute keine Zeit, und morgen finde ich vielleicht Zeit dafür. Es gibt eine ganze Reihe von Sprachen, von Gesellschaften, die dieses Wort überhaupt nicht haben. Und trotzdem bewegen sie sich in etwas, in einem Phänomen, was wir mit Zeit umschreiben, wo wir aber als Historiker sagen würden: Das sind Zeitlichkeiten, und zwar viele, nicht nur die eine lineare von gestern nach morgen, sondern ganz viele unterschiedliche Zeitrhythmen, die unsere Körper beherrschen und mit denen wir die Umgebungen beherrschen. Ein Beispiel für diese – sagen wir einmal – Sprachlosigkeit sind die Sprachen, über die ich arbeite, das Sumerische oder das Akkadische, in denen dieses Wort gar nicht vorkommt, in denen die Leute aber präzise Termine vereinbaren, in denen sie eine Chronometrie, eine Zeitmessung entwickeln, sehr genau, bis auf die Minute genau sich verabreden können, in denen sie über Jahre, Jahrzehnte oder eben auch Äonen, wie wir gerade gehört haben, sich unterhalten können. Und die Frage ist natürlich: Was bedeutet das für unser Nachdenken über Zeit, wenn wir Kulturen finden, die ganz unterschiedliche Zeitauffassungen und Zeitwahrnehmungen haben, wo wir doch alle Menschen sind – das ist das, was uns alle verbindet? Wir sind alle körperlichen Prozessen unterlegen, die Zeitlichkeit produzieren, wir kennen die biologischen Rhythmen unserer Körper, und zu denen gehört das Altern. Bedauerlicherweise stellt man ja fest, wenn man sechzig wird, dass vielleicht nicht mehr alles so ist wie mit zehn Jahren. Deswegen ändern wir auch den Namen. Aber es gibt eine Menge Kulturen, für die ist sechzig ein ganz fabelhaftes Alter, in dem der Mensch überhaupt erst zum Menschen wird, vollendet wird in dieser Zahl sechzig. Und Sie erinnern sich, sechzig ist eine Zahl, die in unserem Zeitmesssystem eine große Rolle spielt. Also die Frage noch mal: Wie gehen wir als Historiker mit den unterschiedlichen Zeitströmen in den Kulturen um? Und was passiert, wenn wir aus unserer Perspektive zum Beispiel datieren mit einem Zeitorganisationssystem, das der christlichen Tradition entspringt? Wir sagen, etwas war 2000 vor Christi Geburt. Zu dem Zeitpunkt herrschten ganz andere chronologische Systeme. Also was ist das für ein chronometrischer Imperialismus, den wir da ausüben?

Dagmar Schäfer: Das spricht natürlich ein ganz wichtiges Problem an, was man auch, glaube ich, besonders in alten Kulturen sieht: Zeit ist nicht linear. Und Zeitlichkeit ist ebenfalls nicht linear, sondern sie ist zyklisch. Sie ist auch politisch, vor allem politisch. Und in diesem Zyklus ist sie natürlich eigentlich nicht immer progressiv, sondern sie geht auch zurück. Wie ist das in deiner Kultur: Misst man nach vorne, nach hinten, wie wir gehört haben in Vergangenheit, Gegenwart und Zukunft? Oder misst man in verschiedenen Perioden?

Eva Cancik-Kirschbaum: Also wir haben unterschiedliche Systeme, und wir haben einen interessanten Unterschied zu dem, was wir gerade aus der kurzen Reflexion des Vorredners gehört hatten: Für uns liegt die Zukunft vor uns. In den altorientalischen Kulturen ist die Zukunft das, was man nicht kennt. Und das, was man nicht kennt, liegt hinter einem. Und linguistisch, sprachlich ist das auch so konzipiert. Das heißt, wir sprechen nicht über das, was vor uns liegt und noch unerkundet ist. Vor uns, das können wir alles sehen, das ist unsere Gegenwart und unsere Vergangenheit. Und hinter uns liegt die Zukunft. Und das Wort für Zukunft hat etwas mit hinten zu tun, weil wir es nicht sehen können. Daraus hat man, das hat etwas mit Zeitlichkeit von Historie zu tun, abgeleitet, dass es Kulturen gibt, die nicht progressiv sind. Denn wenn die Zukunft nicht vor einem liegt, kann man nicht mutig dorthin schreiten, sondern man ist irgendwo in der Vergangenheit gefangen. Also ich denke, die Konzeptualisierung von Vergangenheit, Zukunft und Gegenwart ist in ganz vielen Kulturen vorhanden. In meinen Kulturen im Alten Orient ist sie auf eine sehr pragmatische Art und Weise da, denn die Vergangenheit steht in den Ruinen, in den Gebäuden, in den Taten, in dem, was getan wurde, einem unmittelbar vor Augen. Und ich denke, das ist etwas, was uns mit China verbindet.

Dagmar Schäfer: Ja, wie viel Zeit wir verschwenden, um in die Zukunft zu schauen, ist das nicht wirklich etwas, was wir uns als Historiker auch neu denken müssen, weil doch so viel Arbeit da reingeht, mit der Vergangenheit und der Gegenwart zurechtzukommen, um uns dann eine Zukunft zu gestalten, von der wir nichts wissen? Und natürlich hat die chinesische Kultur sich gerade da ganz besonders engagiert. Sie hat die Orakelknochen genommen und sie Hitze ausgesetzt und anhand der Sprünge darüber spekuliert, was passieren kann – aber nicht was geschehen wird, sondern, was geschehen soll, weil es in der Vergangenheit schon festgelegt wurde. Und das ist natürlich für mich, eine Technikhistorikerin oder eine Materialhistorikerin, sehr interessant, weil unsere Zeitlichkeit Spuren in den Materialien hinterlässt. Und diese Zeitlichkeiten bleiben bestehen, obwohl wir nicht mehr da sind.

Diese Zeitlichkeiten zu lesen ist etwas, was den Historiker immer ein wenig zum Meister der Zeit, aber auch vielleicht ein wenig zum Betrüger der Zeit macht, weil er natürlich versucht, die Zeitlichkeiten zu ordnen in die Vergangenheit, in die Gegenwart und die Zukunft. Und in jeder Kultur gibt es ein Material, so würde ich sagen, das ganz besonders diese Zeitlichkeit bestimmt hat. Und ich habe Ihnen eines mitgebracht, nur um einfach mal zu zeigen, was für China so wichtig ist. Ich glaube, Sie können das jetzt nicht alle sehen, aber das ist ein Seidenkokon[1]. Und die Philosophen, besonders zwischen dem sechsten und dritten Jahrhundert (d.h. der

---

1 Vgl. die Abbildung auf S. 20.

Zeiten der Meister des Huainan), haben diesen Seidenkokon, diese Produktion der Seide als ein Beispiel dafür genommen, dass Zeit immer zyklisch ist. Sie wird gesponnen, und sie wird auch wieder aufgerollt. Sie ist niemals zu Ende, sie geht immer in diesem Zyklus vorwärts und rückwärts. Und das können Historiker natürlich nicht machen, denn sie bewegen sich linear wie wir Menschen. Wie ist das in deiner Zeit?

Eva Cancik-Kirschbaum: Wenn wir in die Keilschriftkulturen schauen, ins Zweistromland, dann haben wir zyklische, lineare und auch sozusagen zirkular verlaufende Zeitvorstellungen. Es gibt nicht die Metapher des Fadens der Zeit. Das ist etwas, was wirklich faszinierend ist in China. Für uns ist die Dauerhaftigkeit der Zeit in der Idee des Tons und des Lehms und der Schrift, vor allem der Wissensübertragung, wie man sie in Schriftzeugnissen niederlegen kann, sozusagen verdauert. Und diese Art von Verdauerung von Zeit, einmal, in den Taten berichtet werden können, indem große Gebäude hergestellt werden können, die in der Erinnerung der Menschen bleiben, wird eine lineare Zeitlichkeit hergestellt, die zugleich dann zyklisch ist, weil die Taten sich wiederholen. Es gibt ein Streben nach Perfektion, das im Grunde genommen ein Immer-wieder-Tun erfordert. Und was Du angesprochen hast, die Idee, dass man die Zukunft prognostiziert, das ist eines auch dieser Phänomene, die wir im Alten Orient auch sehr häufig finden: der Versuch, wie aus den Faktoren des Hier und Jetzt und der Vergangenheit potenzielle Möglichkeiten für die Zukunft vorhergesagt werden können. Wenn wir Wirtschaftsdaten prognostizieren, das ist für uns heute völlig selbstverständlich, aber das hat man schon vor Tausenden von Jahren gemacht: aus den Hochwassern des Euphrat und Tigris versucht, abzuschätzen, wie wird die Ernte im nächsten Jahr. Also Zeitlichkeit ist immer auch ökonomisch, ist immer pragmatisch, hat immer zu tun mit den Umständen, unter denen Menschen leben und arbeiten können. Das wäre vielleicht eine Frage an Dich, zu der Erfahrung von Beschleunigung. Wir haben heute die Idee, dass die Zeit vielleicht immer schneller geht, auch wenn das physikalisch wohl nicht möglich zu sein scheint, und die merkwürdige Idee, dass in der Vergangenheit alles langsamer ging und man mehr Zeit hatte und dass es keinen Stress gab. Das ist nicht richtig. Dieses Gefühl der Beschleunigung finden Sie in Briefen zum Beispiel, wo Menschen sich beklagen, dass jetzt zwei Leute doppelt so viel Arbeit machen müssen wie vorher vier. Natürlich ist das eine Zeitwahrnehmung, die wir heute auch haben, wo Stress entsteht und wo Strukturen gebildet werden müssen, wie man damit umgeht. Wie ist das bei Dir?

Dagmar Schäfer: Das ist ja total spannend. Natürlich, China als Bürokratie kennt das Problem, dass zwei Leute nicht mehr Arbeit machen, also mit weniger Arbeit mehr erreichen, sondern mit mehr Arbeit weniger erreichen. Ich glaube, das Phänomen kennen wir heute auch. Was die Qualität der Zeit sehr, sehr spannend macht, ist, dass Materialität uns vorspiegelt, dass es eben keine absolute Zeit gibt, sondern dass es Temporalitäten gibt, die wir an uns selber festmachen. Es gibt einen Gelehrten im elften Jahrhundert in China namens *Qin Guan* 秦观 (1049–1100), der sich mit Seidenkultur als einer Kosmologie beschäftigt hat und sich den Kokon daraufhin angeschaut hat. Und er hat ein wirklich dramatisches Problem entdeckt. Das dramatische Problem ist: Wenn Sie die Seide haben wollen, wenn Sie mit dieser Seide Kleidung oder andere Dinge produzieren wollen, dann müssen Sie den Wurm töten. Die Seidenraupe muss sterben.

Abb. 6: Dagmar Schäfer mit Seidenkokon.

Und für diejenigen, die den Seidenkokon haben: Wenn Sie daran klickern, dann merken Sie, da ist er Seidenwurm drin. Das ist der Verfall der Zeitlichkeit, von der du gesprochen hast. Aber es ist der ewige Kreislauf, den Sie brechen müssen, denn nur, wenn Sie den Seidenwurm schlüpfen lassen, können Sie in den nächsten Zyklus gehen. Nur dann ist es Ihnen möglich, eine Zeitlichkeit aufzubauen, die über Ihre eigene hinausgeht. Und das ist natürlich, wo wir Historiker unsere Kompetenzen haben, wo eine Zeitlichkeit eben nicht im Moment, auch nicht im Material festgelegt wird, sondern in der Tatsache, dass der Wurm immer wieder leben muss, damit der Mensch weiterleben kann.

Eva Cancik-Kirschbaum: Ich möchte das vielleicht aufgreifen, diese Idee, dass Dinge enden müssen und dass man Zeitlichkeit auch im Tod und im Ende von etwas sehen kann. Daraus entwickeln sich eine Menge von Hoffnung auf Wiedergeburten,

Wiederkehr, ganze Philosophien und Religionen, die auf diese Problematik immer wieder zurückgehen. Sie erinnern sich vielleicht an die Erzählung von Gilgamesch, diesem großen jungen Helden, der durch die Steppe rennt auf der Suche nach dem ewigen Leben und der über verschiedene Stufen getragen wird bis zu der Einsicht, dass der Mensch eigentlich sozusagen Unzeitlichkeit, Ewigkeit nur erreichen kann durch seine Taten. Und diese Taten messen sich auch daran, den Verfall in gewisser Weise als Teil des Lebens zu betrachten. Und die Möglichkeit, über Dinge, die kaputtgehen, also eine Halbwertszeit haben, überhaupt Zeitwahrnehmung zu kontrollieren, ist eine ganz frühe Form, mit der Menschen überhaupt angefangen haben, Zeit zu kontrollieren. Wir gucken ja jetzt immer weiter zurück in die Vergangenheit, und wir können anfangen zu fragen: Wann haben Menschen denn eigentlich gelernt, die Zeit zu meistern? Wie hat man begonnen, damit umzugehen? Und wir wissen aus den prähistorischen Kulturen, also den Kulturen des zehnten Jahrtausends, fünfzehnten Jahrtausends vor heute, dass es natürlich schon ganz klare Überlegungen gab, wie Zeitlichkeit kontrolliert werden kann. Eines der Rituale, die sich damit verbinden, sind natürlich Vorräte, die zerstört werden, die einfach schlecht werden, die über die Zeit nicht dauerhaft konserviert werden können. Und der Mensch macht tatsächlich sehr früh erste Versuche, durch die Erfindung von Konservierungsmethoden einen Faktor von Zeit, nämlich den Verfall von Zellen, die Arbeit von anderen Lebewesen, die die Dinge ungenießbar machen, für uns zu kontrollieren. Und das ist, glaube ich, für uns Historiker, gerade wenn wir als Archäologen auch in der Frühzeit arbeiten, ein ganz fantastischer Schritt, diese Erkenntnis, wie man auf der materiellen Ebene Zeitlichkeitsphänomene überwinden kann.

Dagmar Schäfer: Kann man das? Das ist natürlich die große Frage, die ich auch an die archäologische Seite der Bestimmung von Zeitlichkeiten habe, die ich an Dich, Eva, zurück richte. Denn für einen Wissenschaftshistoriker ist die materielle Zeit natürlich auch nur eine Kosmologie von vielen. Auch wenn wir heute denken, wir können dieser Zeit im Seidenwurm, wann und wo dieser Kokon entstanden ist, mit Chemie, Physik, Mathematik und Astronomie ein wenig näherkommen, so ist es doch nur ein einziger Versuch, um der Zeitspanne näherzukommen, der Temporalität. So frage ich Dich als Archäologin, wo wir eigentlich stehen. Sind wir als Historiker nun tatsächlich die Meister der Zeit oder sind wir Betrüger, weil wir tun, als ob die Zeit absolut und linear wäre?

Eva Cancik-Kirschbaum: Ich glaube, das ist eine Antwort, die man nur vorläufig geben kann, aber wir sind immer nur Leute, die einen Moment innehalten können und versuchen können, möglichst viele Perspektiven aufzumachen. Ich denke, die Zeitlichkeiten der Vergangenheit sind so ineinander verwoben, dass jeder von uns eine andere Zeitlichkeit sieht und dass wir eine Menge Synchronisierungsarbeit leisten in den Wissenschaften, indem wir behaupten, es gibt genau einen Zeitstrahl, an dem sich alle Ereignisse ausrichten. Und dieser Zeitstrahl, das ist unsere Währung, das ist eine Konvention, die viele Illusionen herstellt. Und diese Währung, mit der verkaufen wir eine Sicherheit, die wir eigentlich gar nicht haben.

Dagmar Schäfer: Und ich glaube, es gibt einen Grund, warum Eva und ich am Beginn dieser Diskussion über die Zeitlichkeit sitzen und wir uns auf jeden Fall einen Grund dafür ausgedacht haben, warum wir zuerst hier sitzen: Weil die Historiker immer die Meister der Zeit bleiben werden, denn nur sie sind in der Lage, die Vielschichtigkeit dieser Dinge zu sehen und wie sich alles immer wieder wiederholt, das Schlechte, aber das Gute auch. Und in diesem Sinne ist es uns natürlich ein ganz besonderes Anliegen und eine ganz besondere Freude, dass Herr Markschies Historiker ist.

Julia Fischer: Vielen Dank, vor allem für die Aussicht, dass wir den sechzigsten Geburtstag von Christoph Markschies noch viele, viele Male feiern können. Und nun reden wir über Zeit in unseren Körpern und um unsere Körper herum: Time in the Brain and outside our bodies in the environment.

Julia Fischer
Einleitung in das Zwiegespräch von Ayelet Landau und Anton Zeilinger

It's my great pleasure to introduce the next two people who will share their insights and their thoughts about time with us.

The first speaker is Ayelet Landau. She is an associate professor in the Department of Cognitive Sciences and Psychology at the Hebrew University of Jerusalem, where she founded the Brain, Attention, and Time Laboratory. This laboratory is dedicated to a better understanding of temporal processing in the brain. She studies neural oscillations, so-called brain rhythms, in order to create biological models for attention and time perception.

Being a primate cognition scientist, I am very envious of you, Anton Zeilinger, that you get to talk to Ayelet Landau. The species I study, baboons, seem to have a very different scheme of perception. They say hello to each other 750 times a day and still enjoy themselves. So, I am very eager to learn more about the differences and similarities. It is great you're here, Ayelet.

Anton Zeilinger, of course, requires no special introduction, especially not this week. For those of you who did not read the newspaper this week: Anton Zeilinger is a quantum physicist and a professor of physics emeritus at the University of Vienna as well as a senior scientist at the Institute for Quantum Optics and Quantum Information of the Austrian Academy of Sciences. He acted as the President of the Austrian Academy between 2013 and 2022, and his research has been focusing on the fundamental aspects and applications of quantum entanglement. He's a member of multiple academies, also of the Berlin-Brandenburgische Akademie der Wissenschaften. He has received many distinguished prizes and most recently, as you all know, the Nobel Prize for Physics together with Alain Aspect and John Clauser just this Monday. All this is, of course, outstanding, but particularly remarkable is the fact that he has an asteroid named after him. In 2005, an asteroid was named after Anton Zeilinger and it is circling somewhere in the orbit.

Ayelet Landau, Anton Zeilinger, please come to the stage.

Ayelet Landau, Anton Zeilinger
Zwiegespräch II: Time in the brain and outside our bodies in the environment

Abb. 7: Ayelet Landau und Anton Zeilinger.

Ayelet Landau: Good evening. On this joyous occasion, I'm honored to be on this stage to discuss time together with Anton Zeilinger – time for the brain and the mind, and time in physics. My goal tonight, which I hope some of you might share, is that this dialogue will offer perspectives that binds the realms of neuroscience and physics. Put differently, I aspire to leave this conversation with at least a few inspiring metaphors, which will perhaps even push the field forward. More important than anything else, maybe we can gain some appreciation of how vast the topic of time is, how huge the questions we facing are, and about the fact that there is room for more thought, and a lot more questions to be asked.

I will start by providing a handful of offerings and thoughts that I take from my field of research. Following that, Anton will offer his perspective. Of course, if you feel the urgency to respond, please do so, because that's a dialogue. That too is a good sign for a conversation.

So, let's begin with my offerings: Studying time as a brain scientist and as someone who's interested in the human mind, one has to notice how pivotal change is when we study the mind. Change is pivotal there, because change really is one of the main reasons for having a brain. Our environment is dynamic, and ever changing. We are, therefore, forced to constantly adapt and predict in order to act. Time is the axis of change and therefore studying time in the brain is an attempt to understand one of the most fundamental aspects of mind and the brain.

My first offering to this discussion is to suggest that the brain operates with temporal structure. It uses rhythm, and it does so in order to synchronize different elements and different populations of brain cells. There's nothing that we do that can be explained by the activity of a single brain cell or even a single brain region. Everything that we are able to do with our mind is the result of orchestration of rather large populations of neurons that work in concert.

When we try to study this orchestration we find, what can be called brain rhythms. These rhythms appear across different brain regions and therefore, we can support synchrony between them.

But then – and this is now my second offering – when we start looking at our perceptions, our experiences, and even our actions, we find that rhythms which emerge from neural populations also shape our perceptions. It seems more than likely, therefore, that the rhythms that shape our brain's activity is also characteristic of the way our senses operate.

So here is an example: I am sitting here opposite to Anton Zeilinger believing that his presence is continuously having an effect on my senses. But research shows that that impression is just an illusion where, in reality, my attention or my sensation of him fluctuates. At times, my perception is sharp and clear and at times it wavers. More interesting, this ebb and flow of my visual attention operates in a predictable pattern. Or, in other words, it is rhythmic.

It seems that my perception is structured. I give a break from my senses and my percepts to shift from one goal to another, from one state to another. This creates a pattern of exploring the world where I orient attention and then I analyze what I have seen.

As a consequence, the images, actually fluctuate. It turns out that biological rhythms shape our perceptions of the world. We also know that our brain really likes rhythms. I'm sure everybody had a keen appreciation of that as we were listening to the music today at the cathedral[1]. For example the organ interpretation by Bert Matter of "Von Gott will ich nicht lassen", his fantasy about "Von Gott will

---

[1] During a service at Berlin cathedral just before the Symposium.

ich nicht lassen"[2]. That was just a pattern machine showing us how our senses, or, the brain really, really follows these patterns.

We produce rhythm, but our brain as well as other brains will follow rhythm. Another important example for that is my speech right now. As I speak, I am creating energy, which is temporally structured. I have a brain. I just told you it's full of temporal structure, but also my speech arrives at your auditory senses, your hearing, in a certain rhythm, around five times a second. This is the rhythm of the syllables I speak.

One final offering for now: It turns out that different people have different rhythms. So there are also some interesting individual differences there. You would want to interject at this point?

Anton Zeilinger: Maybe, because my brain is not structured to remember this all in the right way.

Ayelet Landau: This is a good moment, yes.

Anton Zeilinger: Maybe I should explain that we had some contact, and we started to discuss a little what we would talk about. But then we decided not to continue our discussion, and instead keep this open and spontaneous.

I had a vague idea of what you would be talking about, but only a very vague idea. Thank you very much for these interesting points. I would like to make some remarks from my side, and then we can see how that matches.

Since people like Galileo and Newton, we have learned to stop asking the question about the nature of things. This is the reason for the success of modern science. We don't ask questions like what is the nature of time? The success of modern science was to restrict ourselves to questions like: How can something like time be measured? How can something be observed? And what can be observed?

Not everyone would agree, but I believe that modern quantum physics allows us to come back and ask some deep questions about the nature of things. In physics, too, when we talk about how to measure time, we talk also about periodic phenomena. This started with the observation of the motions of the planet and so on, even the rotation of the Earth, etc. And it is actually an interesting fact that modern physics comes from these observations of celestial bodies. And then the bridge was made by Newton to the phenomenon of Earth. He showed that the same thing makes the moon go around the earth and makes an apple fall down to the ground. Basically, he invented the concept of gravitation. One should really see it that way. The concept did not exist before.

Using new concepts and identifying them new phenomena guide us along. But this could also be a problem. It could be a problem, because we have a kind of de-

---

2 https://www.youtube.com/watch?v=Id3w586oLGM (last accessed on May 1, 2023).

velopment in science that is one step after the other. Maybe some other day we could have taken a different step. And maybe our whole field would look different.

This is an idea I have cherished for a very long time. And there are some ideas about time itself which are an interesting development, namely, the observation that, when you talk about entanglement not just of two particles, or when you talk about these correlations between multiple particles, then both the predictions and the experimental observation say that these are completely independent of their relative arrangement in space and time.

And I wonder whether something like that is possible in the brain, too. So, the question of causation does not come up – and cannot even come up in this case. Therefore, we talk about irreducible randomness on a fundamental level. And to me, this is one of the most profound things we've found in the 20th century – randomness is there, and we cannot avoid it.

Ayelet Landau: We track patterns in the environment, and the rhythms seem to shape our perception.

Anton Zeilinger: Right. I wonder whether this construction of patterns is somewhat biased and could be influenced by the expectation that we have patterns or that they can be structured in a certain way. And – ...

Ayelet Landau: So, we agree that we have patterns?

Anton Zeilinger: Yes, but – well, yes, we have patterns.

Ayelet Landau: So – ...

Anton Zeilinger: Well, I'm not sure whether this is the only possible way to look at it.

Ayelet Landau: When you listen to music, for example, or when you listen to the drum beating, then you have a pattern.

Anton Zeilinger: Sure, there's a certain pattern in the brain. But if you look at perception, you have to ask, is it really a consequence of physics going on out there? Or is it something constructed in the brain that is somewhat unwarranted? Because, by experience, we learned that these patterns work, and our ancestors probably survived because they knew the difference between a lion and a rabbit and so on.

Ayelet Landau: I see. I think I see what you mean, yes. So, are you proposing that the perception itself is a construct, that we are going to deem it a pattern because that works for whatever evolutionary pressures we're subjected to?

Anton Zeilinger: Right.

Ayelet Landau: This question leads us very nicely to the question of how we subjectively assess time. I think our perceptions most definitely are an event of our own creation. And one can still inquire whether fluctuation or rhythms in perception might have other functions.

Anton Zeilinger: Well, you said it's for synchronization.

Ayelet Landau: The biology seems to support the idea that we can use the rhythmic brain activity for synchronization. But our subjective percept is constant. I hope nobody in this room experiences flickering of their perception? The fluctuation of attention is not part of our experience, but is something that we know to measure in the lab, as you say. We measure it, and we think it's a result of biology.

But our perception never get construed as fluctuation. We feel reality as continuous. Now, if I understand you, you suggest that this perception is actually that we create in order to better understand the world in a more efficient way.
Anton Zeilinger: Yes, something like that. But I would say it's a concept we construct that is useful and works. Maybe it is interesting to see what happens when these constructs breaks down.
Ayelet Landau: Most definitely. So unfortunately, we know that pathology sometimes – ...
Anton Zeilinger: Pathology ...
Ayelet Landau: ... alters our perceptions of time. Hallucinogens also offer a window into the mechanisms – when mechanisms are driven differently than they usually do.
Anton Zeilinger: That's a kind of a rationalization. Isn't it also part of it that you experience something, and then your brain or you construct some explanation, and then you learn that it was wrong. It couldn't be the case, but we were completely convinced that this was the explanation. This is how it would go.
Ayelet Landau: Right. So that was a prediction formation, right?
Anton Zeilinger: It's retrodiction actually.
Ayelet Landau: It is?
Anton Zeilinger: It's retrodiction. I experience something, and I retrodict that this should have happened, but that's completely wrong.
Ayelet Landau: We have some examples of that in the lab. Time in the brain for me – and I've never thought of it as an instance of entanglement. I wouldn't exactly know how to think about it, but I will say that, in neuroscience, randomness can be important.

We don't have your type of – I don't know of your type of randomness, but we witness a lot of noise in brain measurements record. Another important question in this context is whether neuronal noise has a functional role in cognition.
Anton Zeilinger: Yes, sure. Yes, that's randomness, right?
Ayelet Landau: It is, yes.
Anton Zeilinger: Noise is ...
Ayelet Landau: Well, it is, but I would always assume someone can explain it. And you were telling me that I need to consider that the noise might potentially be inexplicable or ...

Anton Zeilinger: I think randomness in the way I talk about it is constitutive to the universe.
Ayelet Landau: And probably also to the brain.
Anton Zeilinger: So, there are situations where you cannot go deeper, where you cannot explain in more depth what goes on. And this is probably not – when the clear and evident case that is quantum phenomena – but my personal belief is that a lot of what goes on is really random, and we construct our ideas to make the world coherent.
Ayelet Landau: They do a good job.
Anton Zeilinger: Yes, we do a good job, yes, but we could actually – it's good that we maybe sometimes even mislead ourselves, right? I sometime asked neuroscientists this one question: Is there a single case where you can follow the whole causal chain from the impression, when the decision is made, and the action which is then carried out? And they tell me, no, there's not a single case where you can really explain it in detail step-by-step. There are some collective statements, but generally the answer is no. Then I asked some of my friends, so how can you then claim that causality works up there? And the answer was, how else could it be? Now, this is a question that really interests me. The answer to this question that would be very important either way. Each possible answer might lead to very different assumptions about whether quantum mechanics are there at play.
Ayelet Landau: Right. Well, it's an interesting reality to imagine, and I think that, at least in neuroscience, there has been a great effort to develop methods that allow causal interference.
Anton Zeilinger: Right.
Ayelet Landau: A huge obsession, huge discoveries, but also some that came up against a wall. I think I'm okay with imagining the alternative. It's been signaled to me that we don't have a lot more time. So, I would like to say one final thing about how we actually perceive of time, because we've discussed how predictions might help us make sense of the world, and most of the time they are quite useful.

But the sense of time itself is something that is also a mystery. We all feel that we know how we perceive time. We know how long it's been, grosso modo, since the musician stepped down, since we sat down on these chairs, but of course, we call it a sense of time. It's a metaphor, right? We don't have receptors for time. We don't have organs for time. And as a field we are not really great at understanding the mechanisms for perceiving the subjective sense of time. And as far as I can tell, sometimes we actually study this from the other way around. I can tell you when we don't have time, except for when we're being told so. We don't have time when we lose consciousness. We might undergo some medical procedure where we are given an anesthesia, or we might go to sleep at night, and we lose our sense of time. But there's also a far less dramatic lesson about not having time, which is something everybody here does, and that is when we blink.

All of us are blinking all the time. You're probably aware of the blinks you just generated, but I can promise you that, in the few seconds before that, you were also blinking, and that time is time lost. Our perception of time made of the experiences we have is really what it is that makes us fit in the time. And this is a good segue way to congratulate Christoph on his birthday because, if you look at his achievements and you look at the extremely prolific 60 years he has had, then he must be a very interesting test case for how time is perceived. He's had sixty Christoph years. I'm not sure how they count in ordinary human yeras. So, that was just a small note about how time really is what we do with our senses, our actions, our thoughts, and our years.

Anton Zeilinger: Actually, I'm not sure if we perceive time. We perceive things around us, and we have a feeling that something has passed and there's some asymmetry with what is back to the future, but I don't think that we perceive something like the flow of time or some continuity or whatsoever. I think this is all a construct.

Ayelet Landau: You raise an important point about what is time. This issue would form another dialogue I hope to have in the future. After that, we can discuss whether the human mind can perceive it.

Anton Zeilinger: You're right. Okay. Great.

Julia Fischer
Einleitung in das Zwiegespräch mit Peter Strohschneider

Bevor ich den dritten Block einläute, eine kleine Werbeunterbrechung. Christoph Markschies hat sich zum Geburtstag gewünscht, dass gespendet wird. Und zwar möchten wir gerne Geld sammeln für die Wissenschaftslounge, ein Projekt, unterstützt vom Collegium pro Academia. Wer noch nicht Mitglied des Collegiums ist, möge gerne ein solches werden[1]. Wir freuen uns immer über zahlungskräftige Unterstützer und Unterstützerinnen. Ein hohes Spendenaufkommen wäre sehr schön, weil wir uns von dieser Wissenschaftslounge Zeit für überraschende Begegnungen und den Austausch von nicht erwarteten Ideen versprechen. Deswegen: Prüfen Sie Ihren Kontostand und seien Sie gerne großzügig.

Und nun zum dritten Block: Hier soll es um Zeithorizonte in der Forschung und im Forschungsmanagement gehen. Ursprünglich war geplant, dass Julika Griem und Peter Strohschneider dieses Gespräch bestreiten sollten. Leider ist Julika Griem kurzfristig durch das vermaledeite Virus außer Gefecht gesetzt worden. Ich habe mich deswegen bereiterklärt, mir einen zweiten Hut aufzusetzen und vermutlich nicht so gut vorbereitet wie Julika, aber guten Mutes das Gespräch mit Peter Strohschneider zu bestreiten.

Ich darf Peter Strohschneider kurz vorstellen. Auch das ist eigentlich nicht unbedingt nötig, da er zu den großen Türmen der deutschen Wissenschaftslandschaft und des Forschungsmanagements gehört. Er ist germanistischer Mediävist und nach Stationen in München und Dresden hatte er von 2002 bis 2020 den Lehrstuhl für Germanistische Mediävistik an der LMU München inne. Von 2006 bis 2011 war er Vorsitzender des Wissenschaftsrats, wo wir uns kennenlernten, und von 2013 bis 2019 Präsident der Deutschen Forschungsgemeinschaft. Auch in dieser Zeit – ich war damals im Senat der DFG – hatten wir viele Gespräche, und ich freue mich darauf, diese hier fortzusetzen. Sein Meisterstück, wenn ich das so sagen darf, war der Vorsitz der Zukunftskommission Landwirtschaft. Er hat es fertiggebracht, dass sich Leute mit durchaus konträren Perspektiven aus Landwirtschaft, Ökologie, Sozialen Bereichen und Ökonomie auf dieses Experiment einlassen und schauen, was die anderen mitbringen. Und daraus haben sie ein wirklich gutes Konzept für

---

1 https://www.bbaw.de/die-akademie/foerdereinrichtungen/collegium-pro-academia (letzter Zugriff am 1. Mai 2023).

Open Access. © 2023 bei den Autorinnen und Autoren, publiziert von De Gruyter. Dieses Werk ist lizenziert unter einer Creative Commons Namensnennung – Nicht kommerziell – Keine Bearbeitung 4.0 International Lizenz. https://doi.org/10.1515/9783111340913-009

die Zukunft der Landwirtschaft in Deutschland entwickelt[2]. Peter Strohschneider ist Mitglied in der Bayerischen Akademie der Wissenschaften, der Academia Europaea und der Leopoldina.

Peter, ich freue mich auf das Gespräch mit Dir. Zu meiner Person: Neben meinem Job als Vizepräsidentin bin ich Affenforscherin und habe auch schon ein bisschen über das Wissenschaftssystem nachgedacht. Wenn ich dürfte, würde ich den Titel unseres Gespräches ändern in „Zeit, Raum und Geld im Wissenschaftssystem".

---

2 https://www.bmel.de/SharedDocs/Downloads/DE/Broschueren/abschlussbericht-zukunftskommission-landwirtschaft.html (letzter Zugriff am 1. Mai 2023).

Julia Fischer, Peter Strohschneider
Zwiegespräch III: Zeithorizonte in der Forschung und im Forschungsmanagement

Abb. 8: Peter Strohschneider.

Julia Fischer: Du darfst beginnen.
Peter Strohschneider: Vielen herzlichen Dank. Guten Abend auch von meiner Seite. Vielleicht knüpfe ich an das an, Herr Zeilinger, was Sie gesagt haben: dass die modernen Naturwissenschaften von der Frage nach dem Wesen der Dinge Abstand nehmen und sich auf das Messen beschränken. Ob Ihre Intuition, dass diese Frage nach dem Wesen vielleicht wiederkomme, dass es jetzt an der Zeit sein könne, dass sie wiederkomme, ob diese Intuition zutreffend ist, das entzieht sich vollständig meiner Urteilskraft. Aber was ich sagen würde, wäre dies: Wenn die Wesensfrage wieder auftauchte, dann wäre es doch ein anderes Konzept von Wesen als zum Beispiel in der berühmten Frage Augustins nach dem Wesen der Zeit; wenigstens ein spätantiker Theologe muss nun einmal heute zitiert werden, das ist ganz unvermeidlich. Wie Sie wissen werden, hat Augustin auf die Frage nach der Zeit geantwortet: „Wenn mich niemand fragt, dann weiß ich es, aber wenn ich es einem

Fragenden erklären will, dann weiß ich es nicht."[1] Er hat die Frage nach der Zeit also mit der Frage nach der Reflexion, nach der Zeiterfahrung, nach dem Zeitbewusstsein verknüpft. Und darüber sind wir im Hinblick auf die Wesensfrage nicht sehr weit hinausgekommen, scheint mir. Doch wenn man nicht bei dieser Wesensfrage bleibt, sondern bei der Frage der Messbarkeit von Zeit ansetzt, dann würde ich Folgendes sagen: Im Hinblick auf das Wissenschaftssystem, die Praktiken und das Wissen der Wissenschaften sowie die Soziologie von Wissenschaft taucht die Frage nach der Messbarkeit von Zeit auf als Frage nach den Funktionen, die mit dem Messen von Zeit verknüpft werden. Es scheint mir so zu sein, dass die offensichtlichste Funktion, die im Wissenschaftssystem mit der Messbarkeit von Zeit verknüpft wird, die Befristung ist. Und zwar in ganz vielen Hinsichten: vom Semesterende über das *Cum Tempore* bis hin – damit auch dieses Stichwort sogleich gefallen ist – zum Wissenschaftszeitvertragsgesetz samt allem, was an Strukturproblemen und öffentlichen Debatten daran hängt.

Ich will vielleicht etwas später noch eine kleine Hypothese rund um dieses Konzept der Befristung bauen, doch zunächst will ich Dich, liebe Julia, mal fragen, wie Du als Wissenschaftlerin auf Fristen reagierst.

Julia Fischer: Gespalten. Mein Vater würde sagen: Nichts ist produktiver als die Deadline. Also manchmal ist es ja gut, wenn es diesen Punkt gibt, an dem etwas beendet werden muss, weil man sich auch verlieren kann. Wenn man weiß, dass ein Text zu einem bestimmten Zeitpunkt abgegeben werden muss, dann zwingt einen das auch dazu, sich auf das Wesentliche zu konzentrieren. Eine Frist kann also auch Räume eröffnen, in denen man sich dem Alltagsgeschäft entzieht. Insofern sehe ich einen positiven Aspekt. Aber es gibt auch Nachteile, weil sich bei der intensiven Auseinandersetzung mit einem Thema auch wieder die Überzeugung einstellt: Ich bin noch gar nicht fertig, ich bin noch nicht wirklich zum Kern des Problems vorgedrungen, ich muss es noch einmal aus einer anderen Perspektive betrachten. Aber jetzt muss das Werk abgeschickt werden. Insofern habe ich also ein ambivalentes Verhältnis zu Fristen.

Peter Strohschneider: Wenn wir so diskutieren, dann kommen wir ja von der Beobachtung von Kultur und Natur zur Selbstbeobachtung von Wissenschaft, also auf eine Metaebene dieser Zwiegespräche über die Zeit. Vielleicht können wir das ein bisschen auseinanderzunehmen versuchen, indem wir unter dem Titel „die Wissenschaft" zwei verschiedene Ordnungen fassen und diese beiden Ordnungen zueinander ins Verhältnis setzen, nämlich einerseits die Ordnung des Wissens, also die epistemische Seite von Wissenschaft, und andererseits die sozialen Ordnungen von Wissenschaft, also deren sozioinstitutionelle Seite. Es ist, glaube ich, keine ge-

---

[1] Augustinus, *Confessiones* XI 14, 17.

wagte Starthypothese, zu sagen, dass diese beiden Seiten, die Wissens- und die Sozialordnung von Wissenschaft etwas miteinander zu tun haben, ohne sich doch gegenseitig ganz zu determinieren. Sie haben weder nichts miteinander zu tun, noch sind sie einfach auseinander ableitbar. Sie sind also, wie man in einer bestimmten soziologischen Redeweise sagen könnte, lose gekoppelt. Und dieser Sachverhalt scheint nun für die Gestaltung des Wissenschaftssystems, auch für das administrative Handeln, für die Finanzierung, für die Rechtssetzung, für die Lebensentwürfe von Wissenschaftlerinnen und für ihre Karriereplanung eine ziemlich entscheidende Bedingung zu sein, die gerade an dieser ambivalenten Stelle der Fristsetzung in der Forschungspraxis wirksam wird.

Julia Fischer: Es ist für das von Dir skizzierte System in jedem Fall essentiell, sich mit den verschiedenen Perspektiven der Akteure auseinanderzusetzen. Ich als Forscherin empfinde die zunehmende Regelungsdichte und Berichtspflicht als die Vernichtung von Zeit, die ich zum Forschen und Nachdenken brauche. Natürlich verstehe ich aber auch das Bedürfnis der Rechenschaftspflicht auf Seiten der Geldgeber. Aber mich stört die Fiktion der Kontrollierbarkeit von geistiger Tätigkeit, sei es als Quantenphysiker oder als Mediävist oder als Affenforscherin. Ich soll zum Beispiel meine Arbeitszeit dokumentieren und genau darlegen, wann ich mich mit welchem Projekt beschäftigt habe; gewissermaßen zeigen, dass ich im Akkord nachdenken kann. Das geht ja nicht. Hier wird die Wissenschaft zwischen Kontrollphantasien und gewerkschaftlichen Ideen von Arbeitsorganisation zerrieben. Wir sollten uns deshalb unbedingt die Zeit nehmen, über die Kosten der zunehmenden Kontrolle nachzudenken: Ist das noch produktiv? Und ich fürchte, wir kennen die Antwort schon: das ist längst nicht mehr produktiv.

Peter Strohschneider: Man könnte ja versuchen, in dieser Perspektive Michael Endes „Momo" mit den grauen Männern, die die Zeit klauen, als einen Roman über das Wissenschaftssystem zu rekonstruieren. Ich will stattdessen eine knappe historische Hypothese zu dieser Frage skizzieren: Sind wir in der Entwicklung unserer Wissenschaftssysteme und unserer wissenschaftlichen Praktiken an einem kritischen Punkt angekommen, wo wir uns fragen müssen, ob die bisherigen Entwicklungslinien eigentlich immer so weiterverfolgt werden können? Und das hätte dann ja Folgen für Förderprogramme, für die Gestaltung von Institutionen, von Forschungsprozessen usw. Meine Hypothese bezieht sich auf moderne Wissenschaft. Und damit ist keineswegs die gesamte neuzeitliche Wissenschaft gemeint. Galilei, Newton und andere ersetzen die Wissensquellen der Offenbarung und des kirchlichen Lehramtes durch empirisch methodische Naturbeobachtung. Aber sie erheben für dieses neu gewonnene Wissen noch denselben Gewissheitsanspruch, wie die Theologie das für ihr Wissen tat. Und fragwürdig wird das erst im Zuge eines ersten, wie ich sagen würde: Verzeitlichungsschubs um 1800, in welchem Wissenschaft unter das Dispositiv eines Erkenntnisfortschritts gerät, der kein Ende mehr kennt. Und damit erst wird sie in dem hier gemeinten Sinne modern. Seither nämlich ist jeder wissenschaftliche Wissensanspruch mit einem historischen Index versehen. Was wir wissen, gilt für jetzt und unter uns, und wir müssen jederzeit damit rechnen, dass andere es jetzt schon oder wir selbst es künftig besser wissen. Ein Verzeitlichungsschub ist das in dem Sinne, dass von nun an jeder wissenschaftliche Wissensanspruch mit einem Historizitätsindex versehen ist, mit einem zeitlichen Revisionsvorbehalt.

Ein nächster Verzeitlichungsschritt, der jenen Beschleunigungsprozess zündet, in dem wir in der Wissenschaft leben, scheint mir datierbar zu sein auf die Nachkriegszeiten der beiden Weltkriege des 20. Jahrhunderts; Stichworte sind das *Manhattan Project*, Vannevar Bushs „Science: the Endless Frontier"[2], die Gründung der National Science Foundation in den USA, in Deutschland diejenige der Notgemeinschaft und später dann der Deutschen Forschungsgemeinschaft. Was hier entsteht, ist Projektifizierung. Seit diesem zweiten Verzeitlichungsschub hat Forschung schrittweise und inzwischen so gut wie vollständig die Struktur eines Projektes. Das heißt, sie ist nicht nur thematisch spezifiziert, sondern sie ist zeitlich terminiert und hat auch eine temporale Binnenstruktur. Ein Forschungsantrag muss markieren, welche Work Packages in welchen Zeiteinheiten abgearbeitet werden. Und das hat ziemlich weitreichende Folgen. Forschung kann jetzt mit Strukturintervention verknüpft und sie kann systematisch beschleunigt werden.

Und dann gibt es, wie ich meine, einen dritten Verzeitlichungsschub etwa seit den Neunzigerjahren, seit dem Einzug des New Public Management in das Wissenschaftssystem mit einer weiteren Beschleunigung der Verkürzung jener Zeithorizonte, innerhalb derer Outcomes erwartet werden. Damit wird jetzt Forschung in einer neuen Weise nicht mehr nur bewertbar unter dem Aspekt der jeweiligen Wissensansprüche und ihrer epistemischen Wahrheit, sondern unter dem Aspekt von Arbeit pro Zeiteinheit, also als Leistung. Anders als ein Wahrheitsanspruch ist diese Leistung parametrisierbar, und sie kann nicht nur von den Peers bewertet, sondern auch extern gemessen werden, zum Beispiel von Politikern, von Förderorganisationen, von der OECD usw. Und die Frage, die Du als Ambivalenz der Befristung aufgeworfen hast, verstehe ich als die Frage: Können wir eigentlich überhaupt denken, dass der skizzierte Beschleunigungsprozess ad infinitum weitergeht, oder hat er längst eine Phase erreicht, in der seine Dysfunktionen erkennbar, ja unübersehbar werden?

---

[2] Vannevar Bush, Science, the Endless Frontier. A Report to the President, July 1945 (zugänglich beispielsweise über: https://www.nsf.gov/od/lpa/nsf50/vbush1945.htm [letzter Zugriff am 1. Mai 2023]).

Julia Fischer: Woran es fehlt, das ist tatsächlich ein Diskurs zwischen den Institutionen, die die Forschung kontrollieren, und denen, die Wissenschaft betreiben. Zum Beispiel kommt der Landesrechnungshof in ein Forschungsinstitut und fragt, wie viele Paper publiziert worden – und ist irritiert, dass die Zahl der Publikationen nicht linear mit dem Aufwuchs an Geld steigt. Dahinter verbirgt sich vor allem ein mangelndes Verständnis von Veränderungen im wissenschaftlichen Prozess. 1950 konnte man ein Nature Paper schreiben, das war eine halbe Seite Naturbeobachtung. Das ist heute nicht mehr so. Heute arbeiten 20 Leute vier Jahre lang, da produziert man Abbildungen mit 24 Panels, rechnet komplexe statistische Modelle und legt die Daten zusammen mit den Metadaten ab. Der Zusammenhang zwischen mehr Geld und mehr Output – oder gar besseren Ideen – ist eben nicht gegeben. Uns erscheint das offensichtlich zu sein, es ist aber auf der anderen Seite nicht angekommen. Wir müssen da mehr Verständnis füreinander erzeugen und besser mit denen kommunizieren, die die Kontrolle ausüben. Natürlich wollen wir nicht, dass alles einschläft. Aber wie kann man das gut hinbekommen, dass Räume und Zeit eröffnet werden für gute Forschung, und gleichzeitig auch das berechtigte Interesse einer Gesellschaft befriedigt wird, die sagt, was passiert eigentlich mit dem ganzen Geld, das wir euch geben? Wie hält man das in einer guten Waage?

Peter Strohschneider: Ich würde das fortzusetzen versuchen mit folgender Vermutung: Für die Beschreibung dieses Anspruchs ist ‚Autonomie' kein guter Ausdruck. Er ist eine unterkomplexe Pathosformel, die gar nicht erfasst, um welche Friktionen von Eigenzeiten unterschiedlicher sozialer und epistemischer Ordnungen es eigentlich geht und wie komplex die Synchronisierungsprobleme sind, die dort auftreten, wo solche unterschiedlichen Eigenzeiten in den Wissenschaften aufeinanderstoßen. Jede und jeder bemerkt aber in seiner eigenen alltäglichen wissenschaftlichen Praxis diese Synchronisierungsprobleme oder Synchronizitätsfriktionen. Seitdem wir alle das Internet haben, ist es praktisch unmöglich, am Schreibtisch zu sitzen, ohne dass dauernd irgendwo eine Nachricht aufploppt und Aufmerksamkeit bindet. Jonathan Franzen hat einmal gesagt, das Schreiben eines Romans setze die Entkoppelung vom Internet voraus. Das ist eine sehr griffige Formulierung, aber vermutlich nicht völlig wahrheitsfrei.

Julia Fischer: Ich habe ja das Privileg, ab und zu nach Afrika zu verschwinden, und wenn alles gutgeht, fällt das Internet aus und ich habe einfach drei Wochen Zeit, hinter meinen Affen herzulaufen und nachzudenken. Aber wehe, ich mache dann das Internet wieder an ... Wir haben ja alle schon die Erfahrung gemacht, dass jedes Mal, wenn man versucht, sich dem Alltagsgeschäft zu entziehen, das hinterher doppelt und dreifach bestraft wird.

Peter Strohschneider: Wir könnten ja einmal versuchen, die Jahre der Corona-Pandemie, die uns nun nochmals ereilt hat in Gestalt der Abwesenheit von Julika Griem auf diesem Podium, die Jahre der Corona-Pandemie als ein Exempel zu nehmen für diese Strukturierungsprobleme, die mit der Zeit der Wissenschaft verbunden sind. Auf der einen Seite ist da die gesellschaftliche Wahrnehmung, dass Wissenschaft noch nie so produktiv, noch nie so schnell, noch nie so hilfreich war: Von der Sequenzierung des Virusgenoms bis zur Impfentwicklung dauerte es so um die fünfeinhalb oder sechseinhalb Monate. Das ist ein spektakulärer Vorgang, bei dem übrigens auch der Paper-Output so gestiegen ist wie es der niedersächsische Rechnungshof erwartet hätte. Ob das allerdings nur ein, wie soll man sagen, vorbehaltslos zu lobender Effekt ist? 50.000 Papers oder mehr, aber die Zahl ist schon drei Tage alt und sicher bereits veraltet. Das also auf der einen Seite. Auf der anderen Seite handelt es sich ja schlicht um eine Ausnahmesituation von Forschung und auch ihrer Beschleunigung, die man vermutlich nicht einfach generalisieren kann.

Julia Fischer: Das war abgesehen von der Hochgeschwindigkeitsforschung in Sachen Corona auch eine Art Experiment, das da stattgefunden hat. Es wurden ja viele Leute erstmal nach Hause geschickt, manche Labore wurden natürlich weiterbetrieben, aber es gab auch viele Wissenschaftler, die plötzlich zu Hause saßen. Und viele Kolleginnen und Kollegen, mit denen ich gesprochen habe, die haben hinterher gesagt: Das war die schönste Zeit meines Lebens, ich konnte mich endlich aus diesem Zirkus rausziehen, aus dieser endlosen Folge von Meetings, aus dem Management. Denn Zoom war ja nicht gleich da, das kam ja mit etwas Verzögerung. Es gab also erst mal eine Phase von einer Entspannung, natürlich auch von Beunruhigung, aber es gab plötzlich die Möglichkeit, sich vollkommen zu konzentrieren. Und dann wurden die ganzen elektronischen Plattformen breitflächig in Gang gesetzt und man konnte beobachten, wie extrem das Arbeiten verdichtet wurde. Es gab Tage, an denen man von morgens neun bis abends einundzwanzig Uhr eine Zoom-Sitzung nach der anderen hatte. Und man hatte leider vergessen einzutragen, dass man zwischendurch nochmal was essen muss. Das war gewissermaßen eine Art kapitalistischer Traum der vollkommenen Verfügbarkeit der Arbeitskraft für das System, die vollkommene Aufgabe aller individuellen Eigenzeit, die dort stattgefunden hat. Und wir konnten sehen, wie effizient es sein kann, wenn man einfach die Agenda abarbeitet. Aber es gab keine lateralen Gespräche mehr und das kann auf längere Zeit eben nicht funktionieren. Also zunächst mal erlebten wir einen Zugewinn an Effizienz, aber es war gleichzeitig ein Verlust an Kreativität, an Zufall, an unerwarteten Begegnungen, neuen Gedanken. Für mich ist einer der wichtigsten Orte für die Wissenschaft die Kaffeeküche. Oder die Cafeteria oder die Weinbar. Dass man sich irgendwo trifft und redet – und was da an Gedanken, an neuen Ideen freigesetzt wird. Das haben wir natürlich verloren durch die Vereinzelung und die Eintaktung in die Zoom-Welt und das müssen wir uns jetzt zurückholen.

Vor dem Hintergrund der Erfahrungen, die wir gemacht haben, wäre jetzt ein sehr guter Zeitpunkt, zurückzutreten und zu sagen: Wie wollen wir eigentlich das

Wissenschaftssystem und auch die Lehre in Deutschland gestalten? Wir sollten nicht einfach in alte Muster zurückfallen. Es soll nicht wieder so sein, wie es vorher war. Sondern wir sollten uns fragen: Was ist das Gute, was wir mitnehmen? Aber was ist auch das, was wir unbedingt ändern wollen? Ein Problem, das wir in diesem Land haben, sind die Beharrungskräfte. Man könnte diese als Traditionsbewusstsein betrachten oder aber auch als Bräsigkeit: Das haben wir schon immer so gemacht, dann können wir doch auch so weitermachen. Und hier muss ich energisch widersprechen. Wir sollten in regelmäßigen Abständen bereit sein, alles auf den Prüfstand zu stellen. Das betrifft auch die Forschungsförderung: Ist zum Beispiel die Exzellenzstrategie aus der Zeit gefallen? Ist das noch das richtige Förderformat? Wie sollen wir die Graduiertenausbildung weiterentwickeln? Sind Sonderforschungsbereiche weiterhin essentiell? Oder brauchen wir nicht ganz andere Formate, um Forschung effizient zu fördern?

Peter Strohschneider: Und wofür soll es sein? Was ist eigentlich das jeweilige Erkenntnisinteresse? Und wie verhält sich das Format zum Erkenntnisinteresse der Forschung? Das bringt uns jetzt auf die Möglichkeit, das Gespräch weiterzuführen zu den Finanzierungsstrukturen von Forschung. Auch mit ihnen, also insbesondere mit dem Verhältnis von Grundmitteln und Drittmitteln sind Eigenzeitlichkeiten verbunden. Womöglich wäre es politisch viel klüger, nicht auf Autonomie zu setzen oder auf Entschleunigung, wie es ein kulturkritischer Diskurs gerne tut, sondern über Finanzierungsstrukturen in der Wissenschaft zu reden. Das wäre indes nur einer der Pfade. Ich würde jetzt allerdings gerne noch einen anderen Pfad einschlagen und Dich fragen, ob Du meinst, dass es so etwas wie intellektuelle Tätigkeit ohne Intervalle der Anspannung und Intervalle der Abspannung überhaupt geben kann, also Phasen der Hochspannung, des Müßigwerdens, des Spannungswechsels, des Tempowechsels. Das frage ich Dich als Primatologin.

Julia Fischer: Ich kann es mir nicht anders vorstellen, als dass es diese ganz unterschiedlichen Niveaus geben muss. Es muss die manische Phase geben, es muss die Phase der Besinnung geben, es muss die Phase des Austausches geben. Das macht ja auch den Reiz aus. Das ist das, was ich an meinem Job am meisten liebe, dass er so vielfältig. Deswegen finde die Frage eigentlich fast ...

Peter Strohschneider: Trivial.

Julia Fischer: ... trivial.

Peter Strohschneider: Es war bloß der peinlich leicht durchschaubare Versuch, das Gespräch über die Zeit der Wissenschaft auf den Begriff der Muße zu lenken.

Julia Fischer: Ja, aber bevor wir jetzt auf den Begriff der Muße kommen, muss ich sagen: Das ist müßig. Ich bin heute Abend ja auch die Herrin der Zeit, und unsere Zeit ist jetzt leider um, Peter.

Christoph Markschies
Schlusswort

Abb. 9: Christoph Markschies beim Schlusswort.

Wenn es, meine sehr verehrten Damen und Herren, liebe Kolleginnen und liebe Kollegen, liebe Freundinnen und Freunde, wenn es beim Schlusswort nur erlaubt wäre, ein einziges Wort zu sagen, dann ist klar, was dieses Wort wäre: *Danke*. Glücklicherweise sind ein paar mehr Worte erlaubt: Danke, Julia Fischer. Danke, Eva Cancik-Kirschbaum und Dagmar Schäfer. Danke, Ayelet Landau und Anton Zeilinger. Danke, ganz herzlichen Dank. Und noch einmal Danke, Julia Fischer und Peter Strohschneider. Allen ganz, ganz herzlichen Dank. Danke, Eckart Runge und Jacques Ammon. Und der Tag hat ja schon früher begonnen: Danke, Hubert Wolf, danke Stephan Schaede, und danke, Andreas Sieling[1]. Und wo ich jetzt einmal beim Danken bin, werde ich zuallererst meinen Vorgängern in diesem Akademie-Amt

---

1 Im Berliner Dom am Lustgarten fand vor dem Symposium eine Dankandacht statt, bei der Domorganist Andreas Sieling die Sauerorgel spielte, der Lüneburger Landessuperintendent Stephan Schaede predigte und der Münsteraner Kollege Hubert Wolf in der Liturgie mitwirkte.

Open Access. © 2023 bei den Autorinnen und Autoren, publiziert von De Gruyter. Dieses Werk ist lizenziert unter einer Creative Commons Namensnennung – Nicht kommerziell – Keine Bearbeitung 4.0 International Lizenz. https://doi.org/10.1515/9783111340913-011

danken. Ich beginne, und einige unter Ihnen werden das verstehen, bei Hubert Markl, dem ersten Präsidenten der Berlin-Brandenburgischen Akademie vor rund dreißig Jahren[2]. Ich setze fort bei Dieter Simon, der heute leider nicht unter uns sein konnte, Günter Stock und Martin Grötschel, die mir in jeweils ganz bewegender Weise weitergegeben haben, was ihnen an der Führung dieses Amtes wichtig war. Ich möchte mich weiter bedanken bei den beiden Vizepräsidentinnen, bei Julia Fischer und Ulrike Kuhlmann, für die bezaubernde und inspirierende Zusammenarbeit. Bei meinem Vorstand, bei unserem Vorstand, bei all den Mitgliedern, die sich in beeindruckender Weise engagieren, aber auch bei den vielen, die hier im Haus mitarbeiten, vom Keller bis zum Dachgeschoss, in diesem wunderschönen Wissenshaus am Gendarmenmarkt, in dem wir die heute schon angesprochene Wissenschaftslounge aufbauen wollen. Und bedanken möchte ich mich natürlich auch bei denen, die in den anderen Häusern der Akademie in Berlin, Potsdam, Rostock und Leipzig arbeiten. Wenn es hier so außerordentlich spannend, so wunderschön ist und so ein Vergnügen macht, wie Julia von Blumenthal in ihrem Grußwort gesagt hat, *meine* Präsidentin, und wie Georg Essen es auch angedeutet hat, dann, meine sehr verehrten Damen und Herren, eben aufgrund all derer, die hier in diesem Haus präsent sind und in ihm wirken. Vielen, vielen Dank.

Mein Dank ist aber nur dann vollständig, wenn ich wenigstens noch kurz sage in wenigen Worten, was mich an diesem Nachmittag zum Weiterdenken ermuntert, genauer in fünf Punkten. Dabei springe ich mit meinen Gedanken zwischen den einzelnen Runden und fasse nicht noch einmal zusammen, was dort jeweils gedacht und gesagt wurde. Ich kann aber auch getrost zwischen den Runden springen, weil sie sich für meinen Geschmack inhaltlich gut verbinden lassen.

Ich beginne *erstens* mit einem Stichwort, das Peter Strohschneider aufgerufen hat: *Selbstbeobachtung*. Spätestens seit Augustinus, an den zuerst heute Georg Essen erinnert hat[3], ist klar: Über Zeit kann man nicht anders nachdenken als mindestens auch im Modus der Selbstbeobachtung. Mancherlei spricht auch für die These, dass solche Selbstbeobachtungen für das Verständnis von Zeit in der Gegenwart eher noch wichtiger werden, als sie es bisher schon waren: Ich denke an Helga Nowotnys 1989 formulierte Einsichten zur „Eigenzeit" sowie ihre partielle Revision und Fortführung dieser Einsichten 2016[4]. Selbstbeobachtungen von Eigenzeiten sind

---

2 Christoph Markschies, Erinnerungen an Hubert Markl (1938–2015), in: Jahresmagazin 2023 der Berlin-Brandenburgischen Akademie der Wissenschaften, Berlin 2023, 8–13 (auch unter: https://www.bbaw.de/files-bbaw/publikationen/jahresmagazin/jahresmagazin-2023/BBAW_Jahresmagazin_2023_Webversion_PDF-A.pdf; letzter Zugriff am 1. Mai 2023).
3 S. o. S. 10.
4 Helga Nowotny, Eigenzeit. Entstehung und Strukturierung eines Zeitgefühls, suhrkamp taschenbuch wissenschaft 1052, Frankfurt/Main 1993 (= ebd. 1989) sowie dies., Eigenzeit. Revisited, in: Die

immer die Voraussetzung für die Beschreibung von verändertem Umgang von Individuen und Gesellschaften mit der Zeit. Über Zeit nachzudenken, ist mir aber auch genau in dem doppelten Sinne der Selbstbeobachtung, die Peter Strohschneider genannt hat, wichtig, nach der epistemischen *und* der sozialen Seite. Es ist mir aber auch noch aus folgendem Grund besonders wichtig: Wenn ich das Vergnügen habe, als Historiker und Theologe immer genau zwischen den Stühlen von Geschichtswissenschaften und Theologie zu sitzen[5], bin ich verpflichtet, darüber nachzudenken, was das eigentlich heißt, als Historiker *und* Theologe mit „Zeit" umzugehen. Und was heißt das, „umzugehen"? Ich bin Dagmar Schäfer sehr dankbar dafür, dass sie diese schöne und zugleich unauflösbare Alternative von „die Zeit meistern" und „die Zeit betrügen" zur Beschreibung der historiographischen Arbeit eingeführt hat. Denn sie hilft bei der Antwort auf die Frage, was „umzugehen", präziser: als Historiker *und* Theologe umzugehen, bedeuten kann. Denn es ist doch so: Wenn wir über metahistorische Voraussetzungen aller historischen Arbeit nachdenken (und das möchte man ja von einem Historiker, der zugleich Theologe ist, eigentlich erwarten[6]), also darüber, was das Nachdenken über historische Arbeit möglich macht, dann arbeiten wir immer in der Illusion, wir wären der Kraft der Historisierung entronnen oder wir würden sie jedenfalls beherrschen. Noch einmal anders formuliert: Wir arbeiten in der Illusion, wir würden tatsächlich ausschließlich über die Natur der Zeit nachdenken (ich rede lieber von „Substanz" oder „Natur" als von „Wesen"). Dann stellen wir aber immer wieder plötzlich fest, dass unser Nachdenken eben doch nicht aus der Zeit gefallen ist, sondern nur den Stand unseres Nachdenkens in Berlin 2022 darstellt. Es lässt sich aus den sechzig Jahren

---

Zeit der Algorithmen, hg. v. Bernd Scherer, Berlin 2016, 32–68. – 2021 setzte Helga Nowotny ihre Überlegungen im Rahmen der Chronoi Lecture 2021 fort und sprach zum Thema „Die Verschränkung der Zeiten. Vom Plural der Vergangenheit zum Leben in der digitalen Zeitmaschine" (zugänglich: https://www.youtube.com/watch?v=blJJuZOHDpM; letzter Zugriff am 1. Mai 2023).
5 Vgl. dazu Christoph Markschies, Kirchengeschichte – oder: Warum es ein Vergnügen ist, zwischen den Stühlen zu sitzen, in: Kirchengeschichte als Wissenschaft, hg. v. Bernd Jaspert, Münster 2013, 115–137.
6 Und nicht nur vom Systematiker, der auch historisch arbeitet – vgl. Essen, Historische Sinnbildung. Zeitkonzepte in der Perspektive einer Theologischen Historik (wie Anm. 7), insbesondere die S. 66 Anm. 17 genannte Literatur. Ich selbst habe ebenfalls Grundgedanken eines solchen Nachdenkens formuliert beispielsweise in: Christoph Markschies, Kirchengeschichte Theologisch – einige vorläufige Bemerkungen, in: Eine Wissenschaft oder viele? Die Einheit evangelischer Theologie in der Sicht ihrer Disziplinen, hg. v. Ingolf Dalferth, Forum Theologische Literaturzeitung 17, Leipzig 2006, 47–75 und in ders., Die Troeltsch-Kriterien. Genese und Probleme einer scheinbar selbstverständlichen Beschreibung historiographischen Arbeitens, in: Kirchengeschichte. Historisches Spezialgebiet und/oder theologische Disziplin [Festschrift Wolfram Kinzig zum 60. Geburtstag], hg. v. Claudia Kampmann, Ulrich Volp, Martin Wallraff u. Julia Winnebeck, Theologie – Kultur – Hermeneutik 28, Leipzig 2020, 321–370.

eigener Lebensgeschichte ziemlich präzise angeben, warum ich so nachdenke, wie ich nachdenke, und nicht anders. Und trotzdem denke ich ja weiter nach und versuche, die Horizonte eigener Bildungsgeschichte zu transzendieren. In dieser, einem Historiker und Theologen vielleicht besonders naheliegenden Spannung aus metahistorischer Reflexion und zeitgebundener Historizität ist das Nachdenken über Zeit produktiv, weil es gelegentlich deswegen aus seiner zeitgebundenen Historizität gleichsam herausspringt. Deswegen hat mich außerordentlich gefreut, was Anton Zeilinger gesagt hat: Ja, wir reden, wie er auch sagte, wieder mehr über die Natur der Zeit. Wir reden aber anders über die Natur der Zeit als vorhergehende Generationen. Es ist ja auch nicht sonderlich interessant, mit dieser Frage nach der Natur beispielsweise einen Sprung zurück in die Ontologie des Mittelalters oder der frühen Neuzeit durchzuführen. Die Ontologie des Mittelalters studieren Mediävisten zwar gern, aber man sollte sie nicht repetieren. Es ist vielmehr interessant, bestimmte damalige Fragen nach der Natur von Dingen, Sachverhalten oder Denkformen wieder zu stellen, aber nun im Zuge einer reflektiert realistischen Erkenntnistheorie unserer Tage[7]. Damit meine ich eine Erkenntnistheorie, in der auch Platz für die Erfahrung ist, dass ich gegen eine Glasscheibe laufe und meine Konstruktion über die Welt vor mir zu revidieren habe. Das führt dann im beschriebenen Fall zu der Erkenntnis, dass es eben doch eine Glasscheibe ist, die auf meiner Stirn eine Blutung ausgelöst hat, eine Glaswand, gegen die ich gerannt bin (und keine freie Fläche). Eine solche Selbstbeobachtung zeigt, dass historische Wissenschaften eine Verantwortung haben, über Zeit und über Raum und über Handeln nachzudenken. Sie zeigt weiter, dass es bereichernd sein kann, wenn man das als Historiker und Theologe tut und die Frage nach den metahistorischen Voraussetzungen aller historischen Erkenntnis stellt (Georg Essen hatte darüber eingangs gesprochen). Ich habe in den letzten Jahren mit dem Nachdenken über die Zeit angefangen, und es macht unglaubliches Vergnügen, dies gemeinsam mit Eva Cancik-Kirschbaum und Hermann Parzinger im Forschungszentrum Chronoi zu tun. Vielleicht werden Raum und Handeln noch folgen in den nächsten Jahren, in welchem institutionellen Zusammenhang auch immer.

Zweitens: Ich bin Sohn eines Literaturwissenschaftlerpaars, das leider nicht mehr unter uns sein kann. Aber ich verdanke meinen Eltern Inge und Hans Lothar Markschies die bleibende Einsicht, dass alles Nachdenken immer auch mit Literalität verbunden ist, mit Text und Textlichkeit[8]. Und das ist für unseren Zusam-

---

7 Norman Sieroka, Philosophie der Zeit. Grundlagen und Perspektiven, C,H. Beck Wissen 2886, München 2018, 114–117.
8 Vgl. die entsprechenden Veröffentlichungen des gleichnamigen Arbeitskreises der Fritz Thyssen Stiftung: https://www.degruyter.com/serial/tut-b/html (letzter Zugriff am 1. Mai 2023).

menhang ganz zentral, wie vor vielen Jahren schon unser in diesem Jahr gestorbenes Akademiemitglied Harald Weinrich deutlich gemacht hat[9]. Ein einziges Argument statt vieler möglicher: In unserem Nachdenken über Zeit haben wir es mit merkwürdig vielen Metaphern zu tun, deren Charakter und Funktion man sich klarmachen muss. Ich erinnere mich, wie wir uns zu Beginn der Arbeit im Einstein Center Chronoi unterhalten haben mit Neurologinnen und Neurologen, und dann verwendeten diese Menschen die schöne Rede vom „Taktgeber im Gehirn": Ich wache auf, der Wecker klingelt noch gar nicht, es ist kurz *vor* sieben Uhr, ich brauchte den Wecker gar nicht, der Taktgeber im Gehirn hat funktioniert. Was heißt aber diese Metapher vom „Taktgeber" eigentlich? Was ist denn damit eigentlich gemeint? Wenn ich mich nicht täusche, war auch heute von solchen Metaphern die Rede und das provoziert natürlich die analoge Frage: Was sollen wir eigentlich genau unter „pattern" verstehen? Gemeinsam nicht nur über die Bedeutung solcher Metaphern nachzudenken, sondern auch über die Frage, warum wir das, was wir sagen wollen, eigentlich als Metapher formulieren und diese Metaphern vielleicht sogar unverzichtbar sind – solche Fragen zu stellen ist für mich ein wesentlicher Grund für das unglaubliche Vergnügen, liebe Ayelet, das die Zusammenarbeit mit Dir und anderen Kolleginnen und Kollegen in Jerusalem an der Hebräischen Universität bereitet. Da gibt es nämlich ein wunderbares neurologisches Zentrum, das im engen Zusammenhang mit den Geistes- und Sozialwissenschaften aufgebaut wurde, so dass das gemeinsame Gespräch zwischen Natur-, Geistes- und Sozialwissenschaften ganz selbstverständlich ist und zudem leichter gelingt als anderswo. Mir ist diese Form, interdisziplinär Wissenschaft zu betreiben unter strikter Beachtung disziplinärer Standards (und nur insofern dann auch *transdisziplinär* aufgeweitet) besonders wichtig geworden seit meinem Jahr im Wissenschaftskolleg zu Berlin im Grunewald 1998/1999. Es sind heute viele aus diesem Wissenschaftskollegsjahrgang hier, ich nenne Regula Rapp, Paul Nolte, Achim Richter und eben auch Eckart Runge vom Artemis Quartett, das damals bei uns im Speisesaal des Kollegs zu jedem Frühstück mit dabei war. Sie können sich, verehrte Damen und Herren, überhaupt nicht vorstellen, was das für eine ungeheure Freude war, ein Jahr lang jeden Morgen mit dem Artemis Quartett zu beginnen. Aber eigentlich geht es mir gerade nicht um diese wunderbare Zeit vor über zwanzig Jahren, sondern um die Literalität unseres Redens von Zeit und unseres Umgangs mit Zeit, also auch unseres Nachdenkens über sie und auch unserer Selbstbeobachtung bei alledem.

---

[9] Harald Weinrich, Tempus. Besprochene und erzählte Welt, 6., neu bearb. Aufl., München 2001 (zuerst: Stuttgart u. a. 1964).

Noch eine weitere Beobachtung zum Thema: Peter Strohschneider hatte (darf ich das so interpretieren?) im letzten Zwiegespräch eine implizite Warnung vor den Pathosformeln ausgegeben. Solche Pathosformeln liegen beim Nachdenken über Zeit vermutlich besonders nahe, sind aber nicht unverzichtbar wie die Metaphern. Pathosformeln müssen vielmehr durch präzise Beschreibung der Praxis des Umgangs mit Zeit ersetzt werden. Vielleicht darf ich sogar sagen: Manche Pathosformeln müssen wie Luftballons angestochen werden und zerplatzen, andere dürfen noch eine Weile bewundert werden.

Drittens waren sich alle Gesprächspartnerinnen und -partner einig, wie vielfältig die konstruktiven Elemente sind im historiographischen Handeln und Umgehen mit Zeit (und vermutlich sind wir uns auch alle darüber weitgehend einig[10]): Wir konstruieren schon den Zeitstrahl. Und natürlich auch die Einträge auf diesem Zeitstrahl: Wann waren jetzt der erste Kreuzzug, der zweite Kreuzzug, der dritte Kreuzzug noch einmal ganz genau? Und datieren wir ihn nach einer christlichen, der jüdischen oder der islamischen Zeitrechnung? Und indem ich das erwähne und als Beispiel die Kreuzzüge nenne, ist ja vollkommen klar, dass es sich um ein Ordnungsschema handelt, das über bestimmte Ereignisse gelegt wird – ein Ordnungsschema, das man in einem gewissen Sinne darüberlegen *muss*. Es hat ja wenig Sinn, eine beliebige Fülle von Ereignissen und Sinndeutungen aus einer bestimmten Region ab dem Ende des elften Jahrhunderts irgendwo auszubreiten, ohne die Fülle zu ordnen, die Bedeutung zu hierarchisieren und Zusammenhänge zu konstruieren. Dabei darf man die Konstruktivität dieser Ordnungen nicht unterschätzen – und die Zufälligkeiten, die diese Konstruktivität ordnender Tätigkeit steuern[11]. Ich sage manchmal etwas frech: Das Sommersemester hat halt dreizehn Doppelstunden und das Wintersemester hat sechzehn Doppelstunden; entsprechend müssen klare Akzente gesetzt und bestimmte Ordnungsschemata verwendet werden. In dreizehn oder sechzehn Doppelstunden kann man nicht alle Sinndeutungen und Ereignisse, die traditionell zu den Kreuzzugsbewegungen gezählt werden, in aller Ausführlichkeit verhandeln, gar noch die, die eigentlich auch in diese Zusammenhänge gehören, vom christlichen Blick aber traditionellerweise vergessen werden. Selbst die Vereinfachung auf vier mit Zahlen durchgezählte Kreuzzüge ist aber eigentlich schwer erträglich. Wir konstruieren vereinfachte Schemata und werden damit weder historisch noch ethisch dem, was geschehen ist, gerecht – der Dreißigjährige Krieg kann mindestens im Sommersemester höchstens eine Doppelstunde dauern.

---

10 Mir ist diese Beobachtung auch deswegen sehr wichtig, damit das oben vorgetragene Votum für eine realistische Erkenntnistheorie (S. 46) nicht als naiv oder rückwärtsorientiert wahrgenommen werden kann.

11 Ausführlicher: Christoph Markschies, Wie sinnvoll ist es, von „Mittelalter" zu reden?, Theologische Literaturzeitung 148, 2023, 289–310.

Aber diese Konstruktionen haben neben offenkundigen Nachteilen auch ihre Vorteile: In der Doppelstunde über den Dreißigjährigen Krieg müssen glücklicherweise keine Menschen sterben. Historische Rekonstruktion setzt Reduktion und Abstraktion voraus. Friedrich Nietzsche hat so schön gesagt: „Denn gesund ist, wer vergaß"[12]. Abstraktion setzt aber nicht nur das Weglassen, sondern im Grunde auch das (wenigstens zeitweilige) Vergessen von Fakten voraus, das Hierarchisieren, aber auch das Marginalisieren von Fakten, von Quellenbefunden, von Erhebungen aus Quellenbefunden und Eindrücken.

Diese lebensnotwendigen Abstraktionen (lebensnotwendig jedenfalls, wenn sie kritisch befragt und reflektiert sind) sind nach meinem Eindruck in den Geschichtswissenschaften immer schwieriger durchzuführen. Ich beobachte eine perniziöse Spezialisierung und dabei eine immer stärkere personelle und inhaltliche Ausweitung der Disziplinen, ein Beispiel: Jetzt gibt es also nicht nur eine Geschichte der Spätantike, sondern eine Geschichte der Spätantike für die Region Gallien und so fort. Althistoriker behandeln jetzt auch Kirchenväter[13]. Es wird immer schwieriger, angesichts des immens anwachsenden Wissens abstrahierende Modelle vorzulegen und Zeitstrahle zu konstruieren, die wenigstens für einen kleinen Bereich der Welt eine gewisse Gültigkeit haben können und angesichts derer man sich nicht zu schämen braucht. Und die geistige Energie, die notwendig ist, die vielspältige Wirklichkeit auf mit gutem Gewissen vermittelbare Modelle zu reduzieren, wird nach meinem Geschmack immer größer. Wenn man dann plötzlich noch entdeckt, dass es nicht nur die globale Welt unserer Tage ist, die lokale Ereignisse bestimmt, sondern diese globale Welt bereits in den Vororten von Worms im Mittelalter begonnen hat und diese globale Welt auch schon in abgelegensten kleinen Territorien und Ortschaften des Römischen Reiches sichtbar wird, dann wird auch hier deutlich, dass immer mehr geistige Energie bei der Modellierung und Hierarchisierung notwendig wird – schon allein aus Verantwortung für die, die man im akademischen Zusammenhang unterrichtet. Natürlich müssen nicht alle ihre geistige Energie für solche Abstraktionen, Reduktionen und Hierarchisierungen verwenden, um Modelle für den akademischen Unterricht zu entwickeln; ich hatte mit Luise Abramowski eine bewundernswerte akademische Lehrerin in Tübingen, die sich solcher Abstraktion völlig verweigert hat, und entsprechend klein war ihr Schülerkreis[14]. Man kann sich der Abstraktion ver-

---

12 Friedrich Nietzsche, Die fröhliche Wissenschaft, 4. Zwiegespräch, in: Kritische Studienausgabe, hg. v. Giorgio Colli u. Mazzino Montinari, Bd. 3, München u. Berlin/New York 1999 (= ²1988), 354.
13 Hartmut Leppin, Die Kirchenväter und ihre Zeit. Von Athanasius bis Gregor dem Großen, C.H. Beck Wissen 2141, München ²2007.
14 Christoph Markschies, Gedenkrede für Luise Abramowski im Akademischen Festakt, Tübingen, 23. Januar 2019, in: Luise Abramowski, Neue Christologische Untersuchungen, bearbeitet v. Alex-

weigern, aber diese Form der Lehre gehört besser ins Oberseminar und nicht in die Hauptvorlesung.

Ein *vierter und vorletzter* Punkt ist mir noch wichtig: Wir haben heute sehr viel über *Synchronisation* geredet, im Grunde eigentlich in allen drei Zwiegesprächen, wenn auch auf recht verschiedene Weise. Und die Synchronisation fasziniert mich bei meinen eigenen Forschungen zum Thema immer mehr, weil es einerseits so ist (wie Ayelet Landau gesagt hatte), dass Synchronisation ein Prinzip ist, nach dem das Gehirn arbeitet. Wie verhält sich aber jetzt diese biologische Beobachtung über Synchronisation andererseits zu der mentalen Synchronisation von Zeit, die ich durchführen muss, wenn ich gestern aus New York gekommen wäre (das ist übrigens ein vollständig gegriffenes Beispiel, ich bin gestern nur aus Leipzig gekommen und da sind die Zeitunterschiede vernachlässigbar). Wenn ich gestern aus New York gekommen wäre und jetzt immer noch beim Abendessen in Berlin denke: „in New York wärest du gerade mit dem Mittagessen fertig", dann mache ich mir gerade eine Synchronisation bewusst, die natürlich mehr ist als nur die biologische Synchronisation und eine bewusste Entscheidung für die augenblickliche Uhrzeit von New York (und nicht für die von Reykjavik oder Peking). Wie verhalten sich diese unterschiedlichen Synchronisationen zueinander? Was präzise ist die in Jerusalem im LandauLab beobachtete Synchronisation?

Zunächst einmal bedeutet, wenn ich das im zweiten Gesprächsgang zwischen Ayelet Landau und Anton Zeilinger recht verstanden habe, Synchronisation, dass Menschen gleiche Daten im Kopf haben: Alle, die am 3. Oktober 1990 über den Boulevard Unter den Linden gelaufen sind, sind in ihrer Zeitwahrnehmung synchronisiert. Die Erlebnisse am Tag der deutschen Wiedervereinigung im Zentrum von Berlin vergisst man eben nie, besonders, wenn sie für das eigene Leben eine so große Bedeutung haben, wie sie sie für mich hatten – ohne diese Entwicklungen hätte ich ja schlecht meine erste Professur 1994 an der Friedrich-Schiller-Universität in Jena antreten können. Andere Zeitwahrnehmungen sind ganz unterschiedlich synchronisiert. Es gibt ganz unterschiedliche Zeitverschränkungen und mit diesen Verschränkungen kann man, vorausgesetzt man hat die mediale oder politische Macht, vorzüglich Zeitpolitik betreiben, um nochmals auf die Beobachtungen von Helga Nowotny anzuspielen[15]. Manche Synchronisationen verwundern: Überraschenderweise ist die Wahrnehmung der Beisetzungsfeierlichkeiten für eine eng-

---

ander Schilling, hg. v. Volker Henning Drecoll, Hanns Christof Brennecke u. Christoph Markschies, Texte und Untersuchungen 187, Berlin/Boston 2021, VIII–XIV.

15 Nowotny, Eigenzeit. Revisited (wie Anm. 18), 59–62. – Hier müsste eigentlich auch ausführlicher von der Kategorie der „Chronoferenz" die Rede sein, die Achim Landwehr eingeführt hat: ders., Die anwesende Abwesenheit der Vergangenheit. Essay zur Geschichtstheorie, Frankfurt/M. 2016, insbes. 149–165 sowie ders., Diesseits der Geschichte. Für eine andere Historiografie, Göttingen 2020.

lische Königin auch in einer Demokratie wie der Bundesrepublik Deutschland so ein allgemein synchronisierendes Phänomen. Über solche überraschenden Gleichschaltungen und darauf aufbauende Synchronisierungen sollte man noch ausführlicher nachdenken. Mich interessieren, wie gesagt, diese Phänomene von Synchronisation insbesondere in der multireligiösen Umwelt der Spätantike mit ihren vielfältigen Chronologien. Gemeinsam mit Eva Cancik-Kirschbaum und Hermann Parzinger untersuche ich sie in unserem Einstein Center Chronoi; einerseits durch die Selbstbeobachtung von uns als synchronisierenden Historikerinnen und Historikern, aber natürlich auch durch die Fremdbeobachtung der von uns Beobachteten, wie synchronisiert wird und welche biologischen und natürlich auch physikalischen Synchronisationsmechanismen dahinterstehen.

Ein *fünfter und letzter* Punkt: Wie bekommt man denn die (wenn ich so sagen darf) Zeilinger-Welt der Quanten zusammen mit meiner nach Newtons Gesetzen aufgebauten Alltagswelt, in der nun aber auch manches nicht mehr so funktioniert, wie es vor den Beobachtungen, Entdeckungen und Erklärungen von Anton Zeilinger (und anderen Quantenphysikern) war[16]? Ich finde an den beiden Nobelpreisen für Svante Pääbo und Anton Zeilinger (zu denen ich auch an dieser Stelle noch einmal von Herzen gratulieren möchte) neben vielem anderen so bemerkenswert, dass Geisteswissenschaften nicht mehr so betrieben werden können, wie das vorher möglich war, bevor die beiden ihre Arbeiten veröffentlicht haben. Wenn Genetic History eine ganze neue Quellengattung erschließt, dann können wir Historikerinnen und Historiker nicht so arbeiten, als hätte es die Entdeckung dieser neuen Quellen nicht gegeben. Interessanterweise gibt es in dem Max-Planck-Institut von Svante Pääbo einen Historiker-Kollegen, Johannes Krause, der anhand von genetischem Material über vergangene Pandemien arbeitet[17]. Da wird es schon sehr, sehr interessant und die historische Wissenschaft rückt ganz unmittelbar an die Krisen unserer eigenen Gegenwart heran, selbst wenn es um Pandemien in justinianischer Zeit geht. Und dass man auf die konstruktiven Elemente des von uns immer hergestellten Sinns der Geschichte, auf die konstruktiven Elemente der Kausalitäten, der Beziehungen, der Ordnungsstrukturen durch die Forschungen von Anton Zeilinger nochmal stärker aufmerksam wird, darüber haben wir ja heute auch geredet. Was passiert eigentlich, wenn diese Konstruktionen zerbröseln, wenn ich also beispielsweise nicht nur feststelle, dass meine Kausalkettenrekonstruktionen als Historiker vollkommen naiv waren, sondern noch einen Schritt weitergehe und

---

16 Vgl. aber schon Thomas de Padova, Leibniz, Newton und die Erfindung der Zeit, Piper Taschenbuch 30628, München ⁴2017, insbes. 305–321.
17 Johannes Krause (https://www.eva.mpg.de/archaeogenetics/staff/johannes-krause/; letzter Zugriff am 1. Mai 2023) erhielt im Jahre 2022 den Akademiepreis der Berlin-Brandenburgischen Akademie der Wissenschaften.

mich frage, ob vielleicht unser Modell der Kausalität in den Geschichtswissenschaften noch zu naiv ist, zu unterkomplex für die Wirklichkeit? Man könnte ja durchaus auch fragen, ob die nicht kausal erklärbaren schon von Einstein behandelten „Fernwirkungen" der Quantenwelt nicht ein Beleg für die von Gottfried Wilhelm Leibniz formulierte Idee einer Freiheit aus prästabilierter Harmonie sind[18]. Die Antwort auf eine solche vorwitzige Frage kann natürlich nicht in den Nachbemerkungen zu drei Zwiegesprächen kurz extemporiert werden, aber erst mit solchen Fragen wird es doch in den Geschichtswissenschaften und im Gespräch zwischen Natur- und Geisteswissenschaften wirklich spannend. Müssen die verschiedenen Welten wirklich in einer Art von Kausalität höherer Ordnung zusammengebunden werden oder sind sie in der schlechthinnigen Freiheit verbunden, die am Anfang gegeben ist? Solange sich solche Fragen höchstens stellen, aber nicht wirklich beantworten lassen, lohnt es sich, die Welten wenigstens zusammenzubinden in exakter Beschreibung der verschiedenen Konvergenzen – denn das gilt ja nicht nur für die Quantenwelt, sondern auch für die historische Welt in Raum und Zeit.

Aus meinen fünf Punkten (und insbesondere aus dem letzten Punkt) wird sofort deutlich, wie sehr ich in diesem Schlusswort lediglich einige wenige Anregungen aphoristisch aufgreifen konnte und allererste Reaktionen vorgetragen habe auf drei äußerst gehaltvolle und anregende Zwiegespräche. Heute ist viel zur Sprache gekommen, was ausführlicher in der Berlin-Brandenburgischen Akademie der Wissenschaften oder im Einstein Center Chronoi fortgesetzt werden kann und fortgesetzt werden sollte. Es gibt ja auch andere größere Geburtstage, die zu feiern sind: der dreißigste Geburtstag unserer über dreihundertjährigen Akademie, die hoffentlich bald bevorstehende Einweihung der von Julia Fischer vorhin erwähnten Wissenschaftslounge, der Eintritt des tausendsten Mitglieds ins Collegium Pro Academia, in den Förderverein unserer Akademie. Liebe Friede Springer, ganz, ganz herzlichen Dank für das Engagement in diesem Förderverein für unsere Akademie. Wir beide lassen hier niemanden hinausgehen, der nicht wenigstens ernsthaft über den Eintritt in unseren Förderverein nachgedacht hat. Es sei denn, er oder sie seien schon Mitglied ...

Jetzt komme ich aber auf mein erstes Wort „Danke" zurück nach diesen vorläufigen Bemerkungen, mit denen ich wenigstens andeuten wollte, warum ich „Danke" gesagt habe: Ich habe mich bedankt, weil ich einen ganzen Strauß von Ideen aus diesen Zwiegesprächen über die Zeit mitgenommen habe. Ich hoffe, tiefer und schärfer nachzudenken über das Alltagsgeschäft der historischen Arbeit und

---

[18] Thomas Leinkauf, Art. prästabilierte Harmonie, Enzyklopädie Philosophie, hg. v. Hans Jörg Sandkühler, Bd. 2, Hamburg ²2021, 2128–2132.

des Wissenschaftsmanagements, und natürlich nicht nur – es sind viele Historikerinnen und Historiker, viele Wissenschaftsmanagerinnen und -manager unter uns – über das Alltagsgeschäft, das ich betreibe. Es ist wunderbar, über all das mit Kolleginnen und Kollegen, Freundinnen und Freunden vertieft nachdenken zu können. Eine der Politikerinnen, die für die Akademie als Repräsentantin der Zuwendungsgeber zuständig ist, hat vor einiger Zeit gesagt: „In der BBAW wird tiefer nachgedacht". Das fand ich eine ganz wunderbare Beschreibung dieser Akademie. Tiefer und kritischer. So war es heute Nachmittag und heute Abend. Und so bleibt es hoffentlich auch in meinem nächsten Lebensjahr. Noch einmal, noch ein letztes Mal: Vielen Dank.

www.ingramcontent.com/pod-product-compliance
Lightning Source LLC
Chambersburg PA
CBHW061944220426
43662CB00012B/2025